YAMAKAWA LECTURES
6

フランツ・フェルテン

# 中世ヨーロッパの教会と俗世

もくじ

# CHURCH AND WORLD IN THE MIDDLE AGES

BY FRANZ J. FELTEN

CONTENTS

# フランツ・フェルテンと中世教会史研究

甚野尚志

## フランツ・フェルテン教授について

現在、マインツ大学（正式名称 Johannes Gutenberg-Universität Mainz）の歴史学科教授であるフランツ・フェルテン教授は、一九四六年にドイツのザールラント州ヴァイテンに生まれた。ザールラント州は第二次世界大戦後、長くフランスの管理下にあり、一九五七年になりはじめて、住民投票によりドイツに復帰するという特異な歴史をもつ州である。おそらく、フェルテンがアヴィニョン教皇庁研究を手がけたことは、この州に生まれ育ったことと無関係ではあるまい。

フェルテンはザールブリュッケン大学に学んだのち、パリ大学でも勉学し、再びザールブリュッケン大学に戻りそこで博士号を取得している。博士論文の指導教授はドイツの初期中世教会史の大家フリードリヒ・プリンツ教授であり、その指導のもとで初期中世の修道院研究で一九七七年に博士号を取得した。この博士論文は、『フランク王国における修道院長と俗人修道院長』(*Äbte und Laienäbte im Frankenreich*, Stuttgart 1980)というタイトルで刊行されているが、そこでは徹底的な史料調査に基づき、初期中世の俗人修道院長の実態が克明に分析されている。

その後、フェルテンはザールブリュッケン大学とベルリン自由大学で助手を務め、教授資格取得論文として「アヴィニョンとパリ——初期アヴィニョン教皇の政治的な行動範囲に関する考察」(Avignon und Paris. Spielräume und Prinzipien politischen Handelns des frühen avignonesischen Papsttums)というタイトルの論文を、一九九〇年にベルリン自由大学に提出している。しかしこれは、残念ながら書物としては刊行されていない。その後一九九三年にはドレスデン大学教授、九三年から九七年にはハレ・ヴィッテンベルク大学教授、そして九七年からは現在のマインツ大学教授となり、二〇〇三年からは、ラインラント・プファルツ州およびその近隣地域の歴史研究を遂行するマインツ大学付設地域史研究所の所長を兼務しながら、ドイツの中世教会史研究の第一人者として精力的に論文を発表しつづけている。

フェルテンの研究の中心は、博士論文と教授資格取得論文からもわかるように、ひとつは初期中世から盛期中世にかけての修道院研究である。とくにマインツ大学教授となってからは、マインツ周辺のライン川中流域の律修参事会系の修道院、とくにプレモントレ会修道院の研究を中心におこなってきた。またこの関連で、最近では初期中世のマインツ大司教の研究も手がけている。さらにもうひとつの研究の柱は、アヴィニョン教皇庁に関する研究、とくに初期アヴィニョン教皇庁期における教皇の外交政策に関する研究である。これらに共通する特徴は、教会の掲げる理念と教会をめぐる現実との緊張関係のなかから、教会が中世社会で果たした役割を具体的に読み解こうとするところにある。そして、教会の問題を狭い教会史の領域に限定せずに、中世社会の現実との関係から分析しようとする彼の研究手法は、現在の欧米での中世教会史研究における新しい潮流を反映したものともいえる。

## 日本での講演

ところで今回のフェルテンの招聘《しょうへい》は、編者の甚野が代表者である文部科学省科学研究費の共同研究「中近世ヨーロッパのキリスト教会と民衆宗教」の企画の一環として、ヨーロッパの第一線の中世教会史研究者を招聘しようとしたことによる。また、共訳者の小山寛之がフェルテンのもとに留学していたこともあり、招聘の計画は極めてスムーズに進んだ。その結果、この科研費プロジェクトの企画としてフェルテンは、二〇〇八年三月一日から十五日にかけて来日し、三回にわたる講演と二回の大学院セミナーをおこなった。本書に訳した三つの論文は、日本での三回の講演テクストであるが、本来のテクストがかなり長大なものであるため、部分的に省略し、また要約した箇所もある。またタイトルも、わかりやすい表現に変えたことをお断りしておきたい。

第一の論文「十二世紀の修道会と修道女——プレモントレ会、シトー会と敬虔な女性たち」(原題 Religious Orders of the Twelfth Century. Premonstratensians, Cistercians, and Religious Women)は、ドイツ語ではなく英語でおこなわれた講演であるが、十一世紀後半の教会改革以降、女性宗教運動の高揚から数多く創設された女子修道院について扱っている。とくにここでは、シトー会などが修道会への編入を望む女子修道院にどのように対処したかが論じられる。

第二の論文「ひとつ屋根の下の教会と俗世——ドイツ中世における聖堂参事会」(原題 Kirche und Welt unter einem Dach. Die vielfältigen Funktionen von Stiften im deutschen Mittelalter)は、教会と世俗の両方に深い関わりをもった聖堂参事会について、その社会的な役割を論じるものである。フェルテンは、自身の研究の対象であるライン川中流域を例にとりながら、聖堂参事会が果たした多様な機能について述べている。

第三の論文「アヴィニョン教皇庁の実像——聖職禄授与政策とその影響」(原題 Handlungsspielräume und Gestaltungsmacht des frühen avignonesischen Papsttums. これを直訳すれば「初期アヴィニョン教皇庁の行動範囲と組織力」であるが、ここでは論旨が明確になるようなタイトルに変えた)は、アヴィニョン教皇庁期の教皇権がおこなった聖職禄授与政策に関して、とくにドイツとフランスについて考察する。ここではアヴィニョン教皇庁期の教皇権が、これまで考えられたほどには、西欧教会全体への中央集権的な支配を実現できなかったことが述べられる。

以下では三つの論文の内容を紹介しつつ、それらが現在の中世教会史研究においてどのような意味をもつのか解説を加えておきたい。

**女性宗教運動への視角——改革修道院と女性**

最初の論文「十二世紀の修道会と修道女——プレモントレ会、シトー会と敬虔な女性たち」では、十一世紀後半から十二世紀の時代に、民衆宗教運動の高揚にともない数多く出現する修道生活を望む敬虔な女性たちに対して、十二世紀の改革修道院のプレモントレ会とシトー会がとった態度について論じられる。

十一世紀後半から西欧世界では、カリスマ的な遍歴説教者の説教に動かされ、多くの男女が使徒的生活の理想に従う生活を望むようになる。そして説教者たちは、修道生活を望む男女のために修道院を創設していった。例えば、そのような説教者の一人アルブリッセルのロベール(一〇四五頃～一一一六)は、彼の説教に感化され、付き従った男女を収容すべく、一一〇一年にアンジュー地方のフォントヴローに修道院を創設する。フォントヴロー修道院は、修道生活を送る女性の数が男性の数を上回っていたため、男子と女子の修道院を同じ場所に併設する男女併設修道院の形態をとった。同様の例としては、この時代の遍歴説教者であったクサンテンのノルベール(一〇八〇頃～一一三四)が、自身の信奉者の男女を収容するために創設した、律修参事会系のプレモントレ修道院がある[1]。プレモントレ修道院でも男子と女子の修道院が併設されており、そこでも女性の数が男性の数を上回っていた。

このような、男女が同じ場所に住む男女併設修道院の形態は、古代末期には修道制の貞潔の理念に反するものとして批判されたが、十一世紀末から十二世紀にかけて使徒的生活への回帰が叫ばれるなか、キリストが男女の弟子を性の区別なく自身の共同体に受け入れた範例に倣うものとして西欧世界で広がった。しかし、日常的な男女の接触を生む男女併設修道院は、修道生活の規律の弛緩を生じさせることから厳しい批判にさらされる。フェルテンがこの論文で指摘するように、使徒的生活への回帰の理想から生まれた男女併設修道院は、修道士が性的に堕落するという理由で十二世紀中には消滅することになる。

このようななかプレモントレ会では、十二世紀半ばの修道会総会で、女性の受入れを原則として禁止する。しかし現実には、修道生活を望む女性の数はますます増えたので、表向きの禁令に反してプレモントレ会の女子修道院は各地で存続しつづけることになる。また、最初から女性とは一定の距離をとったシトー会も、十三世紀には修道会総会で、女性を修道会に受け入れないことを正式に決めるが、修道生活を求める女性の数が増加すると、多くの女子修道院がシトー会への編入を望むようになる。現実には教皇や世俗諸侯などの外部の圧力で、例外的にシトー会への編入に成功する女子修道院もあったが、一方で、正式に編入されずに、実質的にシトー会の戒律に従うシトー派女子修道院が数多く出現するようになる。このようにプレモントレ会もシトー会も、女性の排除を原則として守りつづけた背景には、修道士が性的に堕落することへの不安と恐怖の感情が根底にあったと、フェルテンは結論としていう。

本論文で興味深いのは、プレモントレ会やシトー会が、修道会の公式の立場として女性の排除の規定をもちながらも、例外的に女子修道院を編入することもあり、また公式に編入されなくても、事実上、修道会の戒律に従って生活する女子修道院の存在も容認していたという、中世教会の実態が明らかにされる点である。最近では、十三世紀に、シトー会に公式に編入されることなくその戒律に従うシトー派女子修道院が多くの都市で創設され、それらが托鉢修道会と並んで都市の発展に貢献したこともわかってきており、十二世紀から十三世紀にかけての西欧世界で新たに創建された女子修道院が果たした社会的役割については、今後さらなる研究が必要とされる問題であろう[2]。

## 聖堂参事会——教会と俗世が出会う場所

次の論文「ひとつ屋根の下の教会と俗世——ドイツ中世における聖堂参事会」は、教会と世俗世界をつなぐ存在として注目される聖堂参事会について扱う。この論文でフェルテンは、ペーター・モーラフらにより推進されてきた聖堂参事会をめぐる最近の研究を紹介しながら、聖堂参事会が果たした社会的な機能について述べている。

ここではまず、本論文の理解を容易にするために、聖堂参事会とは何かについて簡単に述べておきたい。そもそも教会を構成する聖職者は、一般信徒の司牧活動に従事する在俗聖職者と、俗世から離れて修道生活をおこなう修道士とに大別される。しかしこの二つの聖職者のあり方は、初期中世では明確に区別されず、在俗聖職者もしばしば修道士のように共住し、聖職者の共同体として共同生活をおこなっていた。この聖職者の共同体と修道士の共同体とが明確に区別されるようになるのは、ルートヴィヒ敬虔帝が、八一六〜八一七年のアーヘンの教会会議で、在俗聖職者の共同体に固有の戒律を定めたときからである。そして、この戒律に従う在俗聖職者の共同体は、一般に聖堂参事会と呼ばれるようになる。一方で修道士の共同体は、すべてがベネディクト戒律に従うように定められた。

在俗聖職者の共同体である聖堂参事会は、司牧活動、教会行政などの教会の業務を遂行する聖職者集団であったことに特色がある。聖堂参事会のひとつのカテゴリーとして、司教を補佐する司教座の聖堂参事会がよく知られているが、司教座聖堂参事会のほかに、聖堂参事会は司教座都市の内部や近郊に数多く創設された。とくに十世紀から十一世紀半ばにかけての時代、つまり、ドイツ王権が帝国教会制により司教などの高位聖職者を自身の権力の支えとしていた時期に、ケルンやマインツなどのライン川流域の司教は、自身の司教座都市に聖堂参事会を積極的に創設していった。この時期には、ドイツの司教たちはドイツの王国統治にも深くかかわり、さまざまな世俗の業務も遂行していたので、彼らはその行政スタッフとして多くの在俗聖職者を必要としていた。司教のイニシアティヴで創設された聖堂参事会は、そのような行政スタッフを供給する格好の場となる[3]。

このように、十・十一世紀に司教座都市で多くの聖堂参事会が創設されたが、その理由は、たんに教会業務の人的な資源の確保ということだけではなく、聖堂参事会が司教座都市を霊的に防衛するという「第二の市壁」の意味合いもあった。つまり、ケルンやマインツなどにみられるように、司教座都市の都市壁の外側につくられた聖堂参事会は、聖堂参事会に祀られた聖人の加護により、邪悪なものから都市を防衛する役割も期待されていたのである[4]。

さらに聖堂参事会に関して、本論文でいわれる重要な問題は、中世後期になると、聖堂参事会員が必ずしも聖堂参事会の職務を遂行する者ではなくなることである。つまり、聖堂参事会員のなかから、その聖職禄を一種の年金収入として得ながら、教皇庁、国王、諸侯、司教の宮廷で、文書作成や行政の任務にあたる者が数多く出現する。また、大学の学生や教師でも、聖堂参事会員の聖職禄を獲得し、それを主たる収入源としながら勉学や教育をおこなう者も多くあらわれる。このように中世後期には、聖堂参事会の聖職禄は、行政や教育の専門家に生活の基盤を与える年金として用いられることで、国家の行政機構や大学の教育制度の発展に多大な貢献をなしたのである。聖堂参事会の聖職禄が中世後期の社会で果たした役割については、モーラフの研究がよく知られているが、この問題は中世教会史における極めて重要なテーマであり、今後のさらなる展開が期待される。[5]

## アヴィニョン教皇庁をどう評価するか

第三の論文「アヴィニョン教皇庁の実像――聖職禄授与政策とその影響」は、フェルテンが教授資格論文以降、精力的に取り組むアヴィニョン教皇庁の実態解明に関するものである。この論文では、フェルテンのもとで博士論文を書いたエルトマンの研究に基づきながら、アヴィニョン教皇庁が推進した聖職禄授与政策、すなわち教皇の聖職禄留保権を行使することにより、西欧教会内の高位聖職者の任命に教皇が直接介入しようとした政策が、必ずしも教皇の意向どおりに遂行されたわけではないことが述べられる。そして、これまで考えられてきたほどには、アヴィニョン教皇庁が西欧教会に対する中央集権化政策を実現できなかったことが例証されている。[6]

そもそもアヴィニョン教皇庁（一三〇九～七七年）は、かつては教皇の「バビロン捕囚」とも呼ばれ、教皇権の凋落《ちょうらく》、堕落というイメージで語られてきたが、その後フランス人の中世史家モラにより、アヴィニョン教皇庁における統治機構の組織化と文書行政の高度な発達が指摘され、そのイメージを一新させることになる。[7] 実際アヴィニョン教皇庁では、教皇庁の各部局が極めてよく整備されたため、西欧各地から上訴や聖職禄の請願のために多くの人々が訪れ、教皇庁がそれまでにない制度的な発展を遂げた。

このようなアヴィニョン教皇庁期に、教皇が教会における中央集権的な体制を実現した手段とみなされてきたのが、教皇による聖職禄授与政策である。教皇はすでに十二世紀からその至高権に基づき、各地の司教、修道院長などの任命にしばしば介入していたが、アヴィニョン教皇庁期には、教皇が司教など高位聖職者の聖職禄の任命権を、一般的に自身に留保できると規定するところまでいたる。とくにヨハネス二十二世は、このような教皇の聖職禄留保権を行使して、フランスを中心に自分の意にそう高位聖職者の任命をおこなったといわれてきた。[8]

しかし本論文でフェルテンは、アヴィニョン教皇庁期の教皇が聖職禄留保権により、自分の意のままに聖職禄を授与したかのようにみなすのは誤りであるとする。例えば十四世紀前半のドイツの司教任命に関しては、その約六〇%で、正規の聖職禄授与権者である聖堂参事会や大司教が教皇の介入を排除して、自分たちで任命したことがわかっている。とくにこの時代には、教皇とドイツの地域教会との政治的な紛争により、教皇が無理に自身の候補者を任命できない状況があり、その結果、現実にドイツで司教の地位を得た人々は、教皇に近い人物よりも、皇帝や諸侯と縁故をもつ者のほうが多かった。

また本論文では、アヴィニョン教皇庁の聖職禄授与政策がもっとも成功したとされるフランスについても、教皇の意のままに聖職禄授与政策が実現したとはいえないことが指摘される。フランスで教皇の聖職禄留保権により任命された高位聖職者をみれば、その多くが教皇のお気に入りというよりも、実質的に国王の取巻きといえる者たちだからである。教皇の聖職禄留保権による聖職者の任命の形式をとっても、その背後には国王と教皇の暗黙の協約があり、実質的に国王の意向にそって、国王の取巻きに聖職禄が授与されることが多かった。国王にとっては自らの家臣に教会の聖職禄を与えようとする際、聖堂参事会などの地域の教会関係者の同意を得て与えるよりも、教皇との合意のもと、教皇の聖職禄留保権による任命のかたちで家臣に聖職禄を与えるほうがより容易だったからである。

実際アヴィニョン教皇庁期に、フランス北部の全司教の半分以上が、教皇の聖職禄留保権を利用して実質的には国王により司教座を与えられ、彼らは国王の統治に関与することになる。そこからみてとれるのは、教皇によるフランス教会の集権的な支配とは程遠い現実である。本論文は、アヴィニョン教皇庁のこれまでのイメージを史料に基づいて根本的に批判していくもので、最近のアヴィニョン教皇庁研究の進展を知るうえで重要なものである。

**学識者への聖職禄授与と専門知識による統治**

ところでこれら三つのフェルテンの論文で、後者の二つは、現在の西洋中世史研究のなかでも注目されるテーマ、つまり、中世後期における学識者の統治機構への参入という問題と深くかかわるものである。十三世紀以降、教皇庁や王権の統治機構では、ラテン語での文書作成の技術や、ローマ法、教会法の専門的知識を大学で学んだ者たちが、統治の実務を遂行するようになるが、その際彼らは、奉職の対価として聖堂参事会員などの聖職禄を与えられた。このように、教皇庁や王権における専門的な官僚や実務家の雇用のために聖職禄を用いる慣習については、すでに述べたようにモーラフが明確に指摘したことだが、この問題はさらにジャック・ヴェルジェにより、専門知識を備えた学識者による新しい統治方法の発展の問題として論じられた[9]。

ヴェルジェによれば、アヴィニョン教皇庁の時代に、教皇の聖職禄授与権により聖職禄が授与された者はその多くが大学出の学識者であり、彼らは、授与された聖職禄を自身の収入源としつつ、教皇庁やフランス王権の諸部局に奉職していた。アヴィニョン教皇庁についていえば、尚書院、会計院、内赦院《ないしゃ》などで勤務したかなりの数の者がトゥールーズ大学、モンペリエ大学の法学部で学んだ学識者で、何らかの聖職禄を授与された者であった。一方でフランス王権でも、フィリップ四世の時代にすでに、王の役人のうち約一五％の者が、聖堂参事会員の聖職禄を授与された大学出の学識者であった。その後十四世紀にはいると、王の文書局の公証人、会計院の事務官、高等法院の評定官などにおいて、聖職禄を授与された学識者がそれまで以上に多く見出されるようになる。フェルテンのアヴィニョン教皇庁に関する論文でも、アヴィニョン教皇庁期に、教皇の聖職禄授与権により司教職や聖堂参事会員職を授与された多くの者が、国王の統治機構のスタッフとなっていた事実が指摘されたが、そのことはまさに、聖俗の統治機構における学識者の増加というヴェルジェの議論と同一の事柄を論じたものといえる。

フランス王権にとってもアヴィニョン教皇庁にとっても、聖職禄は、自身の統治機構を運営するスタッフの収入源となる重要なものであった。ヴェルジェによれば、アヴィニョン教皇庁のヨハネス二十二世期には、教皇の聖職禄授与権により授与された聖職禄のうち約二五％が大学の博士学位をもつ者に対して与えられているが、ベネディクトゥス十二世期になると、その比率は約三三％にまで上昇する。聖職禄を授与された者のうち、大学で学んでも学位取得にいたらなかった者も含めれば、学識者に授与された聖職禄の割合は、かなりの比率にのぼることが当然推定される。ここから、聖職禄が教皇庁や王権の統治にかかわる者に対して優先的に授与されるようになった状況がみてとれるのである。

聖職禄が聖俗の統治機構のスタッフに収入源として授与された実態を知れば、アヴィニョン教皇庁の聖職禄授与政策が、教皇の中央集権的な教会政策の手段とはいえないというフェルテンの主張も十分に理解できよう。いずれにせよ中世後期には、教会も世俗国家も、聖職禄を授与された学識者の存在なしには十分な統治を遂行しえなくなる。アヴィニョン教皇庁の聖職禄授与政策の本質も、このような統治機構における学識者の進出という事象と密接にかかわるものであり、フェルテンの論文からも、そのことを十分に読み取ることができる。

以上、フェルテンの論文について簡単な解題をおこなってきたが、すでに述べたように、彼の研究に一貫する姿勢は、教会の掲げる理念と教会をめぐる現実との緊張関係のなかから、教会が中世社会で果たした役割を具体的に読み解こうとすることといえる。つまり、教会の規範的な史料の背景にある教会の実態を探るべく、社会との関わりを重視して考察する手法であるといってよい。とくに、ここで扱われた修道院、聖堂参事会、教皇庁といった教会制度は、中世の教会が理念的に描くあり方と現実の実態とはかなり相違しており、史料の読み方によってはまったく違うイメージが形成されかねない対象であるので、そのような態度はとくに重要であろう。

ともあれ、教会史を狭い教会史の枠組みから解き放ち、社会との具体的な関わりのなかで論じようとする方向性が、現在の欧米での中世教会史全体の大きな流れであり、今後、日本の学界でもこのような視点から中世教会史研究がなされ、中世の教会の実態が詳しく解明されていくことを願ってやまない。

1 アウグスティヌス戒律に従い、共住し修道生活をおこなった聖堂参事会員(canonicus regularis)の宗教施設を律修参事会という。彼らは修道生活をおこなうだけでなく、聖堂参事会員として司牧活動をおこなうことも可能であった。律修参事会系の修道院は、十一世紀後半以降の教会改革運動のなかで数多く生まれたが、プレモントレ会はその代表的なものといえる。

2 十三世紀のドイツの都市で、シトー会に公式に編入されずに事実上その戒律に従ったシトー派女子修道院が数多く創建され、それが都市の発展を示すひとつの指標になることについては、ペーター・ヨハネク（甚野尚志・古川誠之訳）「都市とシトー会女子修道院」『比較都市史研究』二六・二（二〇〇七）、一三一～一三三頁参照。

**3**　聖堂参事会のさまざまな類型については、モーラフの次の論文を参照。Cf. Peter Moraw, “Über Typologie, Chronologie und Geographie der Stiftskirche im deutschen Mittelalter,” in: Max-Planck-Institut für Geschichte (Hg.), *Untersuchungen zu Kloster und Stift*, Göttingen 1980, 9–37.

**4**　聖堂参事会が「第二の市壁」の意味をもっていたことについては、イレーネ・クルジウスの次の論文を参照。Cf. Irene Crusius, “Basilicae muros urbis ambiunt. Zum Kollegiatstift des frühen und hohen Mittelalters in deutschen Bischofsstädten,” in: Irene Crusius (Hg.), *Studien zum weltlichen Kollegiatstift in Deutschland*, Göttingen 1995, 9–34.

**5**　とくに聖堂参事会の聖職禄と大学との関わりについては、次のモーラフの論文を参照。Cf. Peter Moraw, “Stiftpfründen als Elemente des Bildungswesens im spätmittelalterlichen Reich,” in: Irene Crusius (Hg.), *Studien zum weltlichen Kollegiatstift in Deutschland*, Göttingen 1995, 270–297.

**6**　ここでフェルテンが依拠するエルトマンの研究は以下のものである。Cf. Jörg Erdmann, „*Quod est in actis, non est in mundo“. Päpstliche Benefizialpolitik im ‘sacrum imperium’ des 14. Jahrhunderts*, Tübingen 2006.

**7**　Guillaume Mollat, *Les papes d’Avignon (1305–1378)*, Paris 1912. また、樺山紘一『パリとアヴィニョン――西洋中世の知と政治』（人文書院、一九九〇）は、モラの議論に依拠しつつ、アヴィニョン教皇庁と同時期のフランス王権が並行して合理的な行政機構を形成したことを述べる。

8　ヨハネス二十二世がおこなった聖職禄政策の詳細についてはカイエの研究を参照。Louis Caillet, *La papauté d'Avignon et l'église de France. La politique bénéficiale du pape Jean XXII en France, 1316–1334*, Paris 1975.

9　ジャック・ヴェルジェ『中世末期の学識者』(野口洋二訳、創文社、二〇〇四)参照。

# CHURCH AND WORLD IN THE MIDDLE AGES

BY FRANZ J. FELTEN

# 十二世紀の修道会と修道女

## プレモントレ会、シトー会と敬虔な女性たち

### 宗教運動と女性

周知のように、十一世紀末から十二世紀初頭にかけて西欧世界では宗教運動が高揚しました。このときの宗教運動の際立った特徴は、男性だけでなく多くの女性もまた、初期キリスト教の使徒的生活の理想に従った生き方を追求したことです。女性は既存の女子修道院にもはいりましたが、女子修道院の数が不十分だったので、大部分の女性は男性修道士の近くにいて、その保護のもとで生活することを選びました。また多くの男性の教会改革者（例えば、南ドイツのシュヴァルツヴァルト地方にあるヒルザウ修道院[1]のヴィルヘルム、あるいは同じ地域の

ザンクト・ゲオルゲン修道院のテオゲルなど）も、女性の世話を好意的におこないました。こうした教会改革者による修道院改革は、女子修道院とはほとんど無縁のクリュニー修道院[2]（クリュニー系の女子修道院は極めて遅い時期に創設されたマルシニィ修道院[3]しか存在しなかった）の改革の影響で始まっただけに、これは驚くべき現象です。実際ヒルザウ修道院や他の南ドイツ地域にある修道院の史料からは、この時期、男女の共住生活に関する印象的な報告や、男女の共住生活をはっきりと正当化する記述が見出されます。例えば、コンスタンツにあるペータースハウゼン修道院の年代記の記述では、「敬虔な女性たちや女性修道者たちが、神のしもべとして修道院に受け入れられることになった。それは男女両方が、共住するにせよ別々に住むにせよ、同じ場所で、ともに霊的な至福を得るためである」と書かれています。また、この時期のザルツブルク地域での聖堂参事会改革[4]に関連するある著作では、キリスト自身が男女両方を自らの共同体に受け入れ模範を示した、と述べています。

しかし一方で、男女がともに暮すあり方は、最初から疑いの目で見られていました。男女が共住する修道生活に対しては、古代末期にすでに教父ヒエロニムスなどにより非難されました。また、ビザンツ皇帝ユスティニアヌス一世も六世紀に禁令を出しています。実際、一一〇〇年頃に男女共住の使徒的生活を主唱した人々も、すぐに厳しい批判にさらされます。例としては、この時代の教会改革者として有名なアルブリッセルのロベールをあげることができます。彼は、自身の男女の弟子たちをフォントヴローの男女併設修道院に収容し、そこでは男性の修道士も女性の修道院長に従うよう命じました。しかし、このような女性による指導のあり方については、レンヌのマルボド[5]がロベールに宛てた書簡で批

フォントヴロー修道院

ユニフォトプレス提供。

判しています。

また、ヒルザウ修道院の改革からは、ムーリ修道院（スイスのチューリヒ近郊）やエンゲルベルク修道院（スイスのルツェルン近郊）といった男女併設修道院も生まれますが、すぐに女子の修道院は他の場所に移されました。その後これらの修道院では、初期の共住生活の記憶は消し去られてしまいます。

## プレモントレ会と女性

同じようなことはプレモントレ会[6]についてもいえます。プレモントレ会の創立者クサンテンのノルベールは、自身の修道会に多くの女性たちを受け入れましたが、そのことは、同時代のベネディクト派修道士トゥルネのヘルマンの著作『ランの聖母マリアの奇跡』[7]で称賛され、ノルベールは女性を受け入れた点でシトー会のクレルヴォーのベルナールよりも偉大であったといわれています。しかし、ヘルマンがその著作を書いた十二世紀中葉の時期、すでにプレモントレ会では修道女たちがその修道院から追い立てられ、他の場所に移されていたのです。それはおそらく修道総会の決定によるものでしたが、修道会を支援する人々の意思には反していました。ですからこの処置に対しては、ラン司教バルトロメウスとか教皇とかが、プレモントレ会の修道士たちに対し、退去させられた修道女に十分な財産を与えるよう要請しています。というのも、プレモントレ会が保持する資産の多くが、修道女が加入時に持参したものだったので、このような要請が当然なされたのでした。[8]

プレモントレ会は男女併設修道院の形態をやめ、十二世紀半ばには完全に修道女を排除しようとします。一一三〇年代初頭に作成されたプレモントレ会の最古の戒律では、そのうち八つの章が女性（それも明らかに多数の女性）に関するものでしたが、その後、修道総会は女性の排除に関する規定を厳しくします。一一五四年以前につくられたヴィントベルク修道院（下バイエルン地方のヴィントベルクにあるプレモントレ会修道院）の写本では、プレモントレ会の二二の戒律が書かれていますが、そのうちの四つで、女性に関する規定がみられます。しかし、一一五四年の新しい体系的な戒律集成（おそらくこの修道会がローマで制定したもの）では、女性についての規定が完全に消え去っています。この新しい戒律だけをみれば、この修道院にははじめから修道女がいなかったのではないかと思われてしまうことでしょう。

修道女についての記述は同じ時期に、ノルベールの『伝記』からも削除されました。ですから、修道士と助修士に関する慣習律の写本が今日まで伝承されているのに、修道女に関する慣習律の写本が残っていないのは偶然ではないのです。

プレモントレ会はおそらく一一七四年以前の修道総会で、女性を修道会に受け入れることを禁じました。そして、女性の受入れ禁止は、プレモントレ会が危機にあるという理由で正当化されました。この禁令は何度か修道総会により繰り返され、最終的に一一九八年、教皇インノケンティウス三世(在位一一九八~一二一六)により承認されます。

ただし、このようなプレモントレ会での、修道女を排除しようとする厳しい政策は決して成功しませんでした。とくにドイツ語圏の地域では、プレモントレ会の修道士と修道女の両方の共同体がなお存続していました。それどころか、女性の受入れ禁止の教皇令が出された一一九八年以後になっても、修道女を収容するプレモントレ会の館が数多く建てられました。修道会は表向き、修道女の受入れを禁止しつづけましたが、規定には「以前から修道女が受け入れられていた場所を除く」との留保条件もありました。女人禁制の規定は、伝統的な女性受入れの慣習とのあいだで軋轢《あつれき》を生みましたが、修道総会はこのような軋轢を解決しようとして女性に関するさまざまな規定もつくっています。一二二二年に規定されたプレモントレ会の戒律では女性についての条項はありませんが、三六~三八年に作成された戒律集成では、そこに一一九八年以来の修道総会の諸決定が収められており、女性についての条項もかなりみられます。

実際プレモントレ修道院自身も、一二四〇年頃には近くのボンヌイユ修道院の修道女たちの世話を実質的におこなっていました。また、教皇インノケンティウス四世（在位一二四三～五四）自身が一二四八年に、プレモントレ会による修道女の制限政策が抵抗を受けていることを述べています。すなわち、この制限政策に対抗して、プレモントレ会の修道院に一度寄進した財産を取り戻そうとする俗人もいることが指摘されています。

十八世紀に書かれたプレモントレ修道会の『年代記』では、一二七〇年の総会で、「修道女たちの不貞行為のゆえに」彼女たちの追放の決定がなされたといわれますが、三つの

クレルヴォーのベルナール（12世紀の写本）

聖アウグスティヌスと男女の聖堂参事会員

上：*St Bernard et l'esprit cistercien*, 16.
下：*Krone und Schleier: Kunst aus mittelalterlichen Frauenklöstern*, 52.

理由からそのような決定があったとは考えられません。第一に、四四ある十三世紀から十五世紀までの修道総会規定の写本で、そのような規定がみられないこと、第二に、一二七一〜七二年の修道総会の規定が、修道女の館の存在を認めていること、第三に、とくに重要なことですが、一二九〇年の新しい戒律にはそのような追放の決定を暗示する文言はまったくないことです。さらに、この一二九〇年の戒律ではじめて、戒律が「キリストとその母マリア、そして全聖人、さらに修道会の修道士と修道女の栄誉のために」規定されたと書かれています。いずれにせよ、プレモントレ修道会の修道女は、修道院の教会で「聖歌隊席に座ることのできる修道女」と「聖歌隊席に座ることのできない修道女」の地位の区別はあったものの、数世紀のあいだ、何とか存在しつづけたのです。

## 時代の趨勢

したがって、女性を制限する規定はあったものの、プレモントレ会がとくに女性を嫌悪していたわけではなく、たんに時代の趨勢《すうせい》に従っていただけといえます。また、すでに言及したヒルザウ修道院だけでなく、トリーア司教区内のモーゼル川沿いに位置するスプリンギアースバッハ修道院や、リエージュ司教区内のアーヘンから程遠からぬクロスターラート修道院も、プレモントレ会よりも早い時期に、男女併設修道院を解体していました。

スプリンギアースバッハ修道院は、のちの伝承では家人（ミニステリアーレン）階層[9]の者の寡《か》婦《ふ》ベニグナにより一一〇七年頃に建立された男女併設修道院ですが、ベニグナの息子リヒャルトが指導していました。ベニグナ死後の一一二〇年頃、リヒャルトは修道女たちをライン川沿いのアンデルナハの地に移し、女子修道院を創建します。このアンデルナハ女子修道院では、リヒャルトの姉妹テンクスヴィントが修道院長を務め、彼女のもとにはさらに、経済的問題や司牧の責任を負う男性の副修道院長がいました。このテンクスヴィントは、ビンゲンのヒルデガルト[10]を批判したことでも有名です。その理由は、ヒルデガルトが、自身が院長を務めるルーペルツベルク修道院で修道女に着飾らせ、修道院にはいる修道女の身分制限をおこなっていたからです。

さらに、もうひとつのクロスターラート修道院は極めて興味深いケースです。ここでは修道士たちが何度か、修道女を追い出そうと試みました。最終的に、修道女をクロスターラートから遠く離れた修道院に移すことには成功しましたが、その後、新たに就任した修道院長は修道女のうち何人かを呼び戻すことに決めます。というのも修道士たちは、修道女に縫い物や洗濯といった仕事をしてもらう必要があったからです。彼らはその際、修道女の人数を八人に限定しようとしましたが、この修道女の共同体は、すぐに大きな修道院へと発展しました。

ところで、男女がともに修道生活を送ることに対する批判は、一一三〇年代までに一般的に語られるようになります。その例としては、教会法学者シャルトルのイヴォ[11]が男女併設修道院を批判する古い教会規定を持ち出してそのあり方に反対したことや、一一三九年の第二ラテラノ公会議[12]の二七条で、男女が一緒に聖歌を歌うことが禁じられたことなどをあげれば十分でしょう。

また、アドモント修道院（オーストリアのシュタイアーマルクにある。十一世紀末に創建され、クリュニー改革を導入した改革派修道院）やツヴィーファルテン修道院（ドイツのバーデン゠ヴュルテンベルク州にある。十一世紀末にヒルザウの一部の修道士が移住して建てた改革修道院）でも、共通の管理組織のもと、男女両方の共同体が近接した場所で生活していましたが、これらの修道院に関する叙述史料をみると、そこでは男女の分離が厳格に守られていたことが強調されています。このような男女の分離、とくに女性の隔離はこの時代の修道生活の際立った特徴となっていきます。修道女は、聖体拝領や告解の際、あるいは修道院外の人と話をするときに、直接外部の人間を見ることはできず、相手とのあいだは、多くの鍵で閉じられた扉や、閂《かんぬき》が

ビンゲンのヒルデガルト　彼女の著作『スキヴィアス』の12世紀の写本。

クロスターラート修道院

上：アイビンゲン(ドイツ・ヘッセン州)にある聖ヒルデガルト修道院の絵葉書。
下：Klaus Harding, *Die Abteikirche von Klosterrath*, Utrecht 1998, 31.

かかりカーテンがおろされた窓で隔てられるようになりました。そして、この時代の著名な説教者ヴィトリのジャック[13]がその著作で描くように、このような扉やカーテンによる隔離が、女性のよき修道生活を示すしるしとなったのです。

ところでヴィトリのジャックは、一一九〇年頃から一二四〇年頃の宗教生活の鋭敏な観察者ですが、その著書『西欧の歴史』でのプレモントレ会に関する章で、この修道会の初期の修道女と修道士の模範的な生き方をのちの堕落した形態と比較しつつ、プレモントレ会の修道総会による女性の締出しを正当化して次のようにいっています。

しかし、のちに窓は広い門へと変わり、最初の熱狂が醒めたあとには、うぬぼれが無気力と怠惰を呼び入れた。ちょうど、悪魔が箱舟に穴をうがち、そのなかに水が流れ込み、その結果、男も女も多くが溺れ死んだようなものである。こうしてプレモントレ会士たちは、ヒエロニムスやソロモンが男女の共同生活がもたらす結末について語った事柄を思い出し、賢明にも、女性を修道院に受け入れないことに決めた。

このようにジャックは、女性が道徳的な危険にさらされた存在であるとともに、またそれを生み出す存在でもある、という伝統的な考えを示唆しつつ、プレモントレ修道会がとった公式の女性の制限政策を擁護しました。

## シトー会と女性

その一方で、ジャックがシトー会[14]の修道生活の特徴を熟知し、それへの共感を示していたのは明らかです。彼は、シトー会という新しい修道院の修道女たちについていきいきとした記述をしていますが、それだけでなく、リエージュ司教区で、シトー会の七つの女子修道院が短期間のうちに創建されるのをみたことも詳しく述べています。さらに彼は、プレモントレ会が自身の修道会に女性をもう受け入れないことを決めたあとで、シトー会の修道女が、空の星の数ほど増えたといいます。

たしかにジャックが、一二〇〇年頃にシトー会の修道女が増加に向かう決定的な転換点をみたのは正しかったとしても、彼が、この時期に修道女が増加した理由として強調する考えは正しくはないでしょう。つまり彼によれば、シトー会の生活が厳しいので、女性たちははじめはシトー会士になることをためらったので、女性の加入があとで増えたとされます。しかしここで彼は、客観的事実をいっているのではなく、自身の判断を述べているにすぎません。そしてこの判断は、容易にいくつかの事例によって反証できるものです。そしてこの女性は以前から、禁欲的な生き方を望む宗教運動の一翼を担っていたのです。

ような禁欲的生活への切望は、シトー会の独占物ではなく、律修参事会やベネディクト派の修道院にも見出せるものです。例えば、一一二〇〜四五年当時の宗教運動をよく観察していたトゥルネのヘルマンは、ラン司教のバルトロメウスにより三五〜四二年に建立されたモンルイユ女子修道院の修道女たちが、「クレルヴォーの修道士たちの生き方をまねて」男性がするように厳しく働いていることを強調しています。

ジャックが、女性がシトー会の厳格さにたえられないほど弱い存在だと本当に考えていたかどうかはわかりません。ただ彼が、このように述べることには明白な理由があります。つまり、女性がシトー会士の厳格な生活をはじめは望まなかった、ということにすれば、シトー会創設の当初に女性が加入しなかったことの責任を女性に転嫁でき、彼自身が、シトー会の政策を批判することからはまぬがれることができるからです。一方、トゥルネのヘルマンは、正しくも自身の著作で、シトー会が女性を受け入れなかったと述べていますが、その理解は、ヘルマンが著作を書いた一一四七年頃については事実でした。

ですから、シトー会の歴史の研究者はこれまで、修道士であれ俗人の学者であれ、シトー会修道士の最初の世代が、シトー会の修道院に女性を入れることを拒み、また、女子修道院が修道会全体で増加することを拒否した、という点についてはつねに一致してきまし

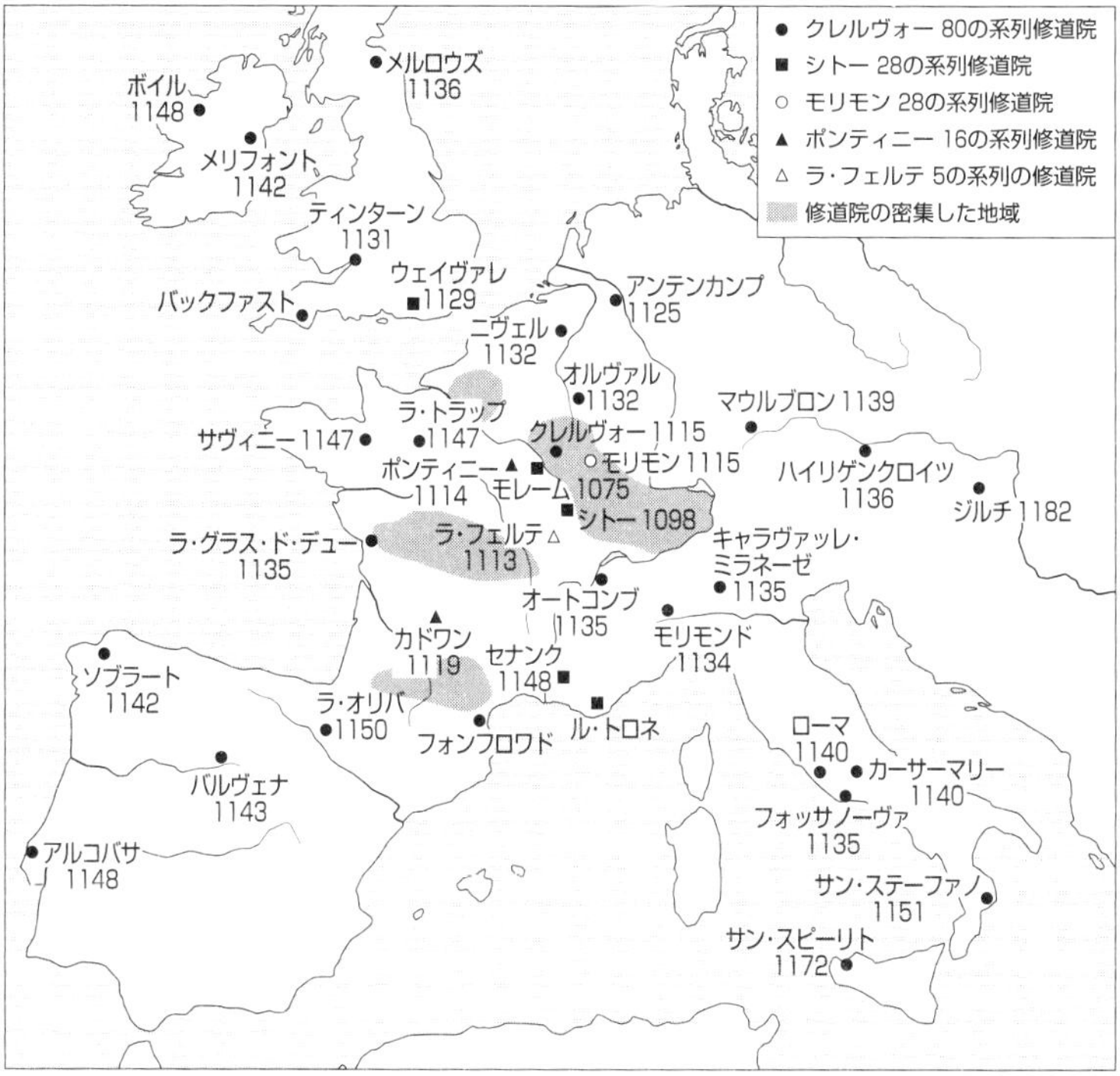
● クレルヴォー 80の系列修道院
■ シトー 28の系列修道院
○ モリモン 28の系列修道院
▲ ポンティニー 16の系列修道院
△ ラ・フェルテ 5の系列の修道院
修道院の密集した地域
メルロウズ 1136
ボイル 1148
メリフォント 1142
ティンターン 1131
ウェイヴァレ 1129
バックファスト
アンテンカンプ 1125
ニヴェル 1132
オルヴァル 1132
マウルブロン 1139
ラ・トラップ 1147
サヴィニー 1147
クレルヴォー 1115
モリモン 1115
ハイリゲンクロイツ 1136
ジルチ 1182
ポンティニー 1114
モレーム 1075
シトー 1098
ラ・グラス・ド・デュー 1135
ラ・フェルテ 1113
キャラヴァッレ・ミラネーゼ 1135
オートコンブ 1135
モリモンド 1134
カドワン 1119
セナンク 1148
ソブラート 1142
ラ・オリバ 1150
フォンフロワド
ル・トロネ
ローマ 1140
カーサーマリー 1140
フォッサノーヴァ 1135
バルヴェナ 1143
アルコバサ 1148
サン・ステーファノ 1151
サン・スピーリト 1172
シトー会の広がり　12世紀に525の修道院を有した。

『西洋中世史料集』に基づき編者(甚野)作成。

フォンフロワド修道院　ナルボンヌの近くにあるシトー会の代表的修道院。編者(甚野)撮影。

た。シトー会の初期の規定は「われわれの修道院では、女性との共住は禁じられている」と言明していますし、修道総会は女性の受入れを禁じるようになります。ただ、にもかかわらず十二世紀には、おそらく一一二〇年代にタール修道院[15]をはじめとする、いくつかの女子修道院がシトー会に加わりました。また修道女たちのなかには、サヴィニー修道院[16]やオバジーヌ修道院[17]でのように、こっそりとはいった者もいます。そしてサヴィニーやオバジーヌの修道院が一一四七年にシトー会に加わったとき、そこにすでに属していた修道女たちが追い出されることはありませんでした。また別の修道女たちは、勝手に「シトー会士」を名乗りました。というのも、シトー会の戒律を順守する修道女の館や、シトー会修道女と自称する女性たちの活動を阻止しうる、いかなる手段も存在しなかったからです。

## シトー会士であると自称する修道女たち

最近まで研究者たちは、シトー会に編入された修道院と、シトー会の慣習に従うのみで制度的にはシトー会の組織にはいっていない修道女たちの修道院を区別してきました。しかし今では、これとは対照的に、旧来の研究とは違い、女性のシトー会修道女としての自己認識とシトー会修道女として生きようとする気持ちが、シトー会士であるかどうかの決定的な要素とみなされるようになっています。

実際、一二一三年のシトー会総会が、すでに編入された女子修道院とまだ編入されていない修道院を区別していることや、十三世紀には多くの修道女やその支持者が頑強に正式な編入を要求していることをみるとき、シトー会への女子修道院の編入がいかに重要な問題だったかがわかります。しかし現実には、十二世紀や十三世紀においては、シトー会に正式に編入されていなくても、ある修道院をシトー派修道院だとみなすことができたのです。このことは、この時代とくに女性の修道生活において、修道生活のさまざまな変種や混合形態が存在することと密接に関連する事象です。ともあれ、女子修道院がシトー会にはいることなくシトー会の戒律に従う修道院になる可能性があったことは明らかです。ただ、にもかかわらず一二一三年のシトー会総会が、女子修道院がシトー会に正式に編入されているかどうかの違いを強調していることからも、明白な制度的区別があったことも否定できません。また、このように正式のシトー会修道院とそうでないものを区別する考え方は、すでに十二世紀中葉からみられますが、それはシトー会の男性修道士の精神的態度に基づくものであったといえます。

ともあれ、この時代に「シトー会女子修道院」が何を意味するのか、を明確にすることはとても難しいことですが、次にはそのことを、フランスのクレルヴォー修道院近郊のジュリィ修道院、シトー修道院近郊のタール修道院、そしてドイツのテューリンゲン地方にあるイヒテルスハウゼン修道院の例から説明したいと思います。

さてジュリィ修道院ですが、研究者のなかには、この修道院をシトー会の修道院とみなす者もいます。その理由は二つあり、ひとつは、修道院に居住した多くの女性の夫や親類が、クレルヴォー修道院で修道士となっていることです。もうひとつは、ベルナールが関与した創設の証書と規約がシトー会の精神を帯びていることです。例えば、修道女が自らの鋤《すき》を用いて耕せない土地はモレーム修道院に与えるべきであるという規定がありますが、これは地代収入に頼らず、自らの手作業で生活すべしという、初期のシトー会のよく知られた理念を反映しています。

しかしこのように「シトー会の精神」があるといっても、ジュリィ修道院が、シトー会ではないモレーム修道院の修道分院であったことは事実であり、さらにまた、教皇エウゲニウス三世（在位一一四五～五三）の証書で確認されるように、ジュリィがモレームからきたベネディクト派の修道士により指導されていたという明白な証拠も無視することはできません。クレルヴォー修道院の院長ベルナールと修道士たちは、モレーム修道院と結びついたジュリィ修道院に対しては責任を引き受けたくなかったと思われます。というのも、シトー修道院を創建した修道士は、モレーム修道院の生活にあきたらず、より厳格な苦行の生活を求めてモレームを去った者たちだったからです。

ところで初期のシトー会で、修道院長が女子修道院の建設に積極的に関与したと思われるのは、スティーヴン・ハーディング（シトー修道院第三代院長）が創設したとされるタール修道院以外にはほとんどありません。しかし、スティーヴンがタール修道院の創設に関与していたとしても、この修道院はシトー会の修道院ではありませんでした。最初の創設の寄進もシトー修道院によるものではありません。また、この女子修道院の創設のために、だれかがシトー修道院に寄進をして創設されたものでもないのです。そうではなく、タール修道院創設のための寄進は、モレーム修道院の分院であるジュリィ修道院からタールに移ってきた修道女たちに対して直接なされたのでした。また、ジュリィの財産制度はシトー会の清貧の理念を守っていたのに対し、タールの修道女の場合は当初から、シトー会が断固拒否していた財産（十分の一税、地代、農奴といったかたちでの財産）を受け取っていました。さらに、修道女の俗世からの隔離（修道女の修道院禁域内での隔離は、のちにシトー会が女子修道院を同会に編入する際の決定的な条件となる）を厳格に順守したのは、十二世紀だけでなく十三世紀においても、タールではなくジュリィでした。実際タール修道院の文書では、ベルナールやシトー会への言及はありません。その後の数十年間、タール修道院とその娘修道院は、シトー会の修道女に言及するいかなる証書も残しませんでした。また、タール修道院は十三世紀末まで、シトー会のどんな史料においても言及されません。

ジュリィやタールの修道院は有名ですが、今度は、それに比べてあまり大きくない、テューリンゲン地方のイヒテルスハウゼン修道院について考察してみましょう。一一二七年から四三年のあいだに四つのシトー会の修道院がフランケン地方とテューリンゲン地方に建設されましたが、イヒテルスハウゼンはそのひとつで、四三年に創建されたゲオルゲンタール修道院（テューリンゲン地方のゴータの南にある修道院）の修道士がおそらくイヒテルスハウゼンの創建にかかわっていたと考えられます。しかしシトー会はこの女子修道院を保護していたわけではありませんでした。数年後の一一四七年に、二通の証書によって、イヒテルスハウゼンの法的地位が決定されます。第一の証書はドイツ国王によるもので、第二の証書はその三カ月後、女子修道院長の聖別ののち、マインツ大司教によって発給されたものです。両証書は修道女たちに、女子修道院長と、聖俗両面で女子修道院長に次いで共同体を指導する立場にある男性の副修道院長を選ぶ権利を与えています。マインツ大司教の証書は、最初に発給された国王証書に対抗して、修道院の監督権をもつ保護者としての地位を主張していますが、いずれにしてもこれらの証書により、修道院の創設者家門がイヒテルスハウゼン修道院の守護職を相続することが許されました。

ともあれイヒテルスハウゼンは、シトー会への法的な従属なしに、シトー会の女子修道院になったわけです。また、イヒテルスハウゼンとシトー会とのあいだに距離があったことは、男性の副修道院長がシトー会士ではなくアウグスティヌス律修参事会員から選ばれたという点からも明らかです。この副修道院長が修道女の監督と修道院の管理に対して責任を負い、マインツ大司教がこの副修道院長の任免権を保持することになりました。

## 女子修道院についての定め

ところで最近では、一一六〇年代以前にシトー会が、明確な制度をもった組織として存在したことは疑問視されています。ただし、どんなにかたくなな修正主義の研究者でも、シトー会が十三世紀の初頭には中央集権的な制度を発展させた事実を否定しはしないでしょう。この時期には、シトー会総会は女子修道院に対する態度を明確にしますが、この頃の規定をみる限り、十三世紀初頭に女子修道院をシトー会に編入することはとても難しい問題であったことがわかります。

シトー会総会は一二〇六年にようやく、修道会内での女子修道院のあり方を決定していますが、その後の一二一三年の規定では、すでに編入された女子修道院とまだ正式に編入されていない女子修道院とが明確に区別されています。そして一二一九年には、編入の基準がはじめて明確に規定されます。そこで決められた基準は、俗世からの厳格な隔離と父修道院の院長による監督でした。さらに一二二〇年の総会で修道院長たちは、今後のいかなる編入も禁止する決定をくだしています。この禁令は一二二八年の規定ではもっと厳しくなりました。というのも、このときの規定では、女子修道院がシトー会の戒律に従うことは許されたものの、シトー会からの巡察や司牧を受けてはならないと決められたからです。この規定が出されたシトー会総会ではまた、女子修道院長の自身の修道院に対する権限が削減され、シトー会内での権利も縮小されました。また、女子修道院長がシトー会総会に参加することも禁止されました。さらに父修道院の院長かその代理人が、女子修道院を巡察する際に、女子修道院長がその場に立ち会うことも許されなくなりました。さらに一二三〇年に、シトー会総会は教皇に対し、これ以上修道会の意思に反して女子修道院の編入を要請しないよう依頼しています。

ただ、このようなシトー会側の方針にもかかわらず、この当時シトー会に編入された修道院がなかったわけではありません。しかしそれはたいてい、諸侯、司教、教皇の圧力によるものでした。ですから、このような編入があったことを根拠に、シトー会総会での禁令が建前でしかなかったとか、現実に何の効果もなかったとかはいうことができないのです。

さて、シトー会の女子修道院は、一二三七年の「小規約集」と呼ばれる体系的な規約集においてはじめて明確に言及されます。それ以前の一二二〇年の規約集までは、女子修道院の存在はふれられません。この変化は明らかに、シトー会の内部やその周辺で女子修道院の数が増し、規定を必要とする現実が生まれたからでしょう。しかしこのテクストで、修道女が言及される箇所が重要です。女子修道院を扱う一五章は、「小規約集」の最後の部分にあり、それは助修士についての章のあとで、しかも助修士のほうがより詳しく規定されています。さらに、一五章のタイトルの「修道会に入れるべきでない女性について」という表現は、一二二八年に出された女性受入れの禁止規定と同じ言葉となっています。つまりこうしたことからも、シトー会の女子修道院の編入に対する否定的な態度をみてとることができます。一方、プレモントレ会でも、一二二二年の規定ではまだ女性への言及はありませんが、三六〜三八年に作成された規定ではじめて女性の章が加えられます。そこでも「受け入れるべきでない修道女について」という、シトー会とほぼ同じ表現が用いられていることが注目に値します。

ところで、一二五七年に作成されたシトー会の「小規約集」の新版では、女性を扱う一五章は、三七年以降の諸規定を反映して詳細なものになっています。ただしタイトルはなお、「女性は受け入れるべきではない」という抑止的なものでした。一二三七年と五七年の一五章に関する内容をざっとみただけでも、そのなかには、それ以前の女性についての規定も残されています。そこからは、女性についての規範が明らかに紛糾しながら発展したことをみてとることができ、一二三七年の体系化された版の一五章は、それまでの規定を寄せ集めただけだということもわかります。このように、シトー会の修道院長たちは、その総会で修道女を排除しようとしましたが、一方で、修道会内に女子修道院が存在する現実にも対応しなければなりませんでした。

### 女子修道院の増加

この時期、とくに一二二五年から五〇年のあいだに、ベルギーとドイツを中心にして、女子修道院の爆発的な増加が生じました。修道院の正確な数はわかりませんが、十三世紀初期になってシトー会の女子修道院は間違いなく増加したといえるでしょう。

次には、以下のような問題を考察したいと思います。すなわち、女子修道院が増加して、規範と現実が乖離《かいり》していく変化をどのように理解すべきか。十三世紀初頭に編入の要求が増えたために、その結果として修道女を規制する必要が高まったのか。シトー会は洪水のような編入の要求に対処しきれなかったのか。シトー会が厳格な禁令を定めたのは、その要求を緊急に阻止するためだったのか。にもかかわらず、女子修道院の創設と編入が続いた事態は、シトー会が受入れを要求する教皇も含めた関係者の圧力に抵抗できなかったことを示すのか。あるいはその事態は、シトー会が最終的に、男性に遅れて沸き起こった女性の宗教的な熱狂に修道会として対応したことを示すのか、といった問題です。

近年の研究によれば、シトー会で女性に対処する規定が出現する背景には、シトー会の行政機構が確立し、「シトー会士」という言葉の使用にしだいに敏感になっていく状況があるといわれています。また、十三世紀初頭にシトー会女子修道院としての認可を求める申請が増加したので、そのような申請を規制する必要が高まったことの結果でもあるとも考えられています。

一方、伝統的な解釈によれば、シトー会は編入の禁令で編入の要求を法的に規制しようと努力したが修道院長たちは編入の圧力に抵抗できなかったといわれます。それに対して修正主義の研究者たちは、これらの禁令が一般的な拒否ではなく、むしろ適切なもの、つまり富裕な修道院を選ぶ手段であったとみていますが、この見解は、シトー会が女性を拒否せず、早くからシトー会士が自発的に女性への司牧活動をおこなっていたという見方とも結びついています。こうした修正主義的な理解は、かなり受け入れられていますが、それでも、シトー会士が女性の支援と司牧をしたことについては証拠がないということも事実です。

しかしシトー会が修道女のための規定をもたなかったからといって、この時代にシトー会の修道女が存在しなかったとはいえません。女性たちがシトー会からの世話を要求せずに、シトー会士のように生活し、他の人からシトー会士とみなされたケースが多くあったからです。そのようなことが慣習としてあることについては、一二二八年のシトー会総会の決議でふれられています。

### シトー会への編入

一方でシトー会への編入という事象は、近年の研究が考えているほど重要性をもたないわけではありませんでした。そうでなければ、女子修道院やその庇護者、支持者たちがこれほど要請しはしなかったでしょう。

一二〇〇～一五年頃の教会がおかれていた状況は、修道女のグループが法的な地位を要求するのに好都合であったようにみえます。シトー会への編入は、重要な特権を与えただけでなく、異端的な宗教生活について批判が高まる時代に、認可のかたちで修道女たちに保護を与えたのです。この時代に宗教運動が高揚し、一方で女性が集団で宗教生活をおこなう場が減少したことが、保護を求める修道女の増加の背景にあります。その結果シトー会は、外部から(そして修道会内の修道院長からも)修道会への編入の要求を数多く受けることになりました。しかし、シトー会の修道院長の大半は、総会の諸決定にみられるように、編入の制限か禁止を支持しました。ブラバン地方にあるヴィレール修道院の院長であったシャルルやコンラド、あるいはハイステルバッハ修道院(ケルンの近くのシトー会修道院)の院長ハインリヒのような心優しい修道院長たちは、一二一二〜一八年の短いあいだですがいくつかの女子修道院を支援し、女子修道院に対してシトー会総会よりも寛大な態度をとりました。しかし、彼らも修道会の政策を根本的に変えることはできませんでした。

ところでこの議論は、修道士が高等教育を受けることが許されるかどうかについて、この時期にシトー会内部でなされた論争と類似しています。修道院長たちの一部の者は、性急に事を進め、教皇を含む有力な支持者の援助のもと、パリに学院を創設することで既成事実をつくりました。シトー会総会は最終的に現状を追認します。しかしシトー会総会は勉学の問題とは対照的に、女子修道院に対しては否定的な態度は維持しつづけ、女子修道院のシトー会への編入は原則的に許さず、また修道院長に対してもなんら抜け道を与えませんでした。女子修道院の容認はつねに特例でした。ですから、それが許可されるのは、しばしばシトー会に対して圧力がかかったときでした。

しかし、実際どの程度、この編入の禁令が尊重されたかを推定することは容易ではありません。ただ、女子修道院の編入に干渉した事例が数多くあることからも、正式な編入があったからといって、編入禁令の効果がなかったともいえないのです。たしかに、女性たちとその支持者が自身のネットワークを利用して編入禁令の抜け道を見つけた例もありますが、現実には、非常に多くの編入要請が却下され、また、受諾されそうもなかったために要請したくてもしなかった例が多かったに違いないはずです。

## 叙述史料から見えてくるもの

さて最後に、シトー会士やそれ以外の書き手による叙述史料がこの問題にどのように役立つのかを考えたいと思います。

まず、シトー修道院やクレルヴォー修道院の修道士になった男性の姉妹や妻のための女子修道院であるジュリィがどのように叙述史料で描かれているかをみてみましょう。ジュリィ修道院にふれるベルナールの伝記『ベルナール伝』では、彼がジュリィと何らかの関わりがあったかどうかについても、またシトー会とそこの修道女たちとの関係についてもいっさい伝えていません。『ベルナール伝』の著者はシトー会が広めたいと望んでいたベルナールのイメージをよくわきまえていたので、それを考慮に入れ、注意深く言葉を選び、ジュリィとシトー会との関係を制度的な問題にふれることなく慎重に描いています。それに対して、トゥルネのヘルマンによるモンルイユ女子修道院の修道女の生活を描いた記述では、ベルナールの女性への態度がより明確に書かれています。18 ヘルマンは、モンルイユの修道女がシトー会の戒律を採用し、クレルヴォーの修道士の生活を模倣したことを述べますが、ベルナールの評判がもっとも高かった一一四六・四七年頃を描く箇所では、ベルナールがシトー会に女性を受け入れることを欲していなかったことを強調しています。

さらに、十二世紀後半に、エノー伯領にあるベネディクト派のリシー修道院の年代記作者が残した記述では、ベルナールの女性を拒絶する態度がさらに強調されています。つまり、多くの男女がベルナールを信奉したが、彼は男性のみをシトー会の修道院に受け入れ、女性と子どもは受け入れなかったので、かわりにベネディクト派修道院がその世話をした、といわれています。

このほかに、十二世紀後半のシトー会の公的立場を知ることができる叙述史料もあります。それらの史料はみなよく知られたものですが、近年の研究では必ずしも十分に顧慮されていません。その理由はおそらく、それらがシトー会の女性の歴史について、修正主義の研究者の理解に合致しないものだからでしょう。

そのひとつ、十二世紀終りに書かれた『オバジーヌのステファヌス伝』は、男女の隠修士のグループがどのようにしてオバジーヌの男女併設修道院へと変わったか、そして、創設者ステファヌスがいかにして戒律と所属する修道会を選んだか、さらに最終的に、その施設がシトー会の一部になることを望んだときに直面した困難を詳細に伝えています。つまり、この修道院では模範的な苦行がおこなわれていたが、ステファヌスが女性も受け入れたため、女性の世話を禁じるシトー会への編入が失敗しかけたという事実がこのなかで強調されています。しかし、シトー会総会に、教皇エウゲニウス三世がステファヌスをともなって劇的に姿をあらわし、ステファヌスの修道院を同会に加えるよう教皇令として命じたため、その場に集った修道院長たちの抵抗は抑えられました。結果としてステファヌスは受け入れられ、オバジーヌ修道院はシトー会に属することになったのでした。

この伝記ではシトー会への編入許可のできごとが一一四七年に起こったとされますが、たとえこれが本当の話でなくても、この伝記は、シトー会がどのように女性の司牧の問題を考えていたかを知るために貴重なものです。伝記の著者は、修道院の創設者ステファヌスについて、読者を納得させる話をしようと望んだので、シトー会編入の話の核心部分といえる、修道女への司牧に対してシトー会の修道院長たちが反対したという点も語らねばならなかったわけです。もっとあとに書かれたセンプリンガムのギルバート[19]の伝記でも、同様のことがいえます。ただしギルバートの場合、自身の修道院をシトー会に加入させるという願いは、修道院に女性がいることで達成できませんでした。

最後に、修道会の相互の違いを敏感に意識していた十二世紀の一人の人物を取り上げたいと思います。それは、プリューフェニングのイドゥング[20]です。彼は最初、律修参事会員で、その後、改革派のベネディクト系修道院の修道士になり、最後に、一一五三〜五五年にシトー会士になりました。彼はシトー会士として、その新しい修道会を称賛した著作『二人の修道士の対話』を書きました。彼はそこでシトー会の制度、とくに毎年の総会に、その修道会の長所をみていますが、また彼は、「シトー会士だといって、ベネディクト戒律を厳格に守る女性たちもいる」というクリュニー系修道士からの批判に対しては、厳格な態度をとっています。彼によれば、そのような女性たちはシトー会に属しているのではなく、たんにシトー会を模倣しているにすぎない者とされるからです。イドゥングは、ベネディクト戒律では女子修道院にも戒律の適用が許され、また、カイサリアのバシレイオス（修道戒律をつくったことで有名な四世紀のギリシア教父）も女子修道院に一定の規定を与えているのを知っていました。ですから彼は、修道院長が望めば修道女の指導者になることができることも承知していました。にもかかわらずイドゥングは、修道院長の配下に女子修道院をおくのを禁じるシトー会の方針を擁護したのです。

## なぜ女性は「遠ざけられた」のか

限られた時間なので、托鉢修道会の問題までは扱うことができませんでした。これらについては、ヘルベルト・グルントマンの古典的研究[21]、さらに、ドミニコ会についてはイスナルト・フランクの新しい研究[22]を参照してほしいと思います。それらから托鉢修道会には、これまで述べてきたシトー会との明らかな類似性とともに大きな相違もあるのがわかるでしょう。

教会改革運動から生じた修道会とその女性信奉者との関係の歴史をみてきましたが、そこからは、使徒的生活を求める霊的覚醒がさまざまな修道生活のあり方を生み、そのなかで女性との連携の機会も生まれたことが確認できるでしょう。ただ、そうした連携も、女性が修道院長になったフォントヴロー修道院の例を除けば、すぐに修道院の制度化の過程で消えていくのが認められます。

実際、女性の修道生活を批判する言説が活発になり、修道女への監督の規範も確立すると、女性の厳格な隔離が生じました。どの修道会でも男性による支配のもとで、修道生活のさまざまな可能性が閉じられ、強い統制が実現したのです。このような制度化が、男性の権威を確保しようとして意図的になされたものかどうかは、史料からはわかりません。ただその結果、女性から修道会への編入要求が多く出されることになりました。

いずれにせよ、既存の男性修道会に制度的に統合し、秘跡の面だけでなく全般的に男性に依存することは、女性にとり非常に大きな利点があったのです。ともあれ女性は、修道会の意図に逆らい敵対してまで、修道生活の目的を達成する可能性を探しはしませんでした。

富裕で大きな女子修道院さえも、修道会への編入あるいは他の形態での制度的統合が結果として大きな利益と自由をもたらすことを知っていたので、そうした編入を欲しました。その結果、女子修道院は、司教か修道会かどちらかの監督に必ずおかれることになったのです。

女性を遠ざける理由は、シトー会やプレモントレ会の初期でも、またフランチェスコ会やドミニコ会についても、史料は部分的にしか本当のことを語っていません。女性への司牧の負担とか、女性の受入れが修道院の目的から逸脱するといったことは、決定的な理由ではありませんでした。私は、女性に対する攻撃的態度の背景には、修道士が女性と過ちを起こしかねないことへの根本的な不安、恐怖とさえいってよい感情があったと思うのです。

訳注

**1** 南ドイツのバーデン＝ヴュルテンベルク州シュヴァルツヴァルトにあるベネディクト派修道院。教皇グレゴリウス七世の友人でもあった修道院長ヴィルヘルム（在任一〇六九～九一）が、クリュニーに修道士を派遣してクリュニーの慣習律を導入し、ヒルザウ修道院を改革した。ヒルザウは南ドイツの修道院改革の拠点となり、その慣習律を取り入れた系列修道院は南ドイツだけで一五〇もの数におよんだ。

**2** 九一〇年にアキテーヌ公ギヨームがブルゴーニュ地方のマコン近くに創建した修道院。カロリング朝末期に規律が弛緩していた修道制の改革をおこない、西欧中で数多くの系列修道院をもった。クリュニーの改革運動が十一世紀の教会改革を準備したといってよい。

**3** ブルゴーニュ地方のクリュニー近郊にある女子修道院。一〇五四年にクリュニー修道院長ユーグが創建した。

**4** グレゴリウス改革期にザルツブルクの司教座聖堂参事会を拠点にして同地で推進された聖堂参事会の

改革運動。

**5** レンヌのマルボド(一〇三五頃〜一一二三)は、アンジェ司教座の大助祭そして付属学校教師を務めたが、その後、教皇ウルバヌス二世に取り立てられ、ブルターニュ地方のレンヌ司教に就任し、同司教区内での教会改革を推し進めた。教会改革派ではあったが、アルブリッセルのロベールがおこなった新しい修道制の運動には批判的であった。

**6** プレモントレ会は、クサンテンのノルベール(一〇八〇〜一一三四)が北フランスのラン司教区にあるプレモントレに創設した修道院を母体として発展した、アウグスティヌス戒律に従う律修参事会系の修道会。

**7** このトゥルネのヘルマンの著作『ランの聖母マリアの奇跡』は、一一一二年にランの大聖堂が焼失したあと、聖職者たちがこの教会の聖遺物をもってフランスとイングランドを旅し、各地で再建費用の喜捨を求めた際に生じたさまざまな奇跡を記した著作であり、一一三六〜四二年頃に書かれたと推定される。この著作には、クサンテンのノルベールがラン近くのプレモントレに修道院を創設したときの話も言及されているので、これはプレモントレ会の歴史を知るうえでも重要な史料である。トゥルネのヘルマン自身は、トゥルネの騎士家門に生まれ、トゥルネのサン・マルタン修道院の修道士となり、一一二七〜三六年に同院長を務め四七年に没した人物であるが、四二〜四六年頃に、このサン・マルタン修道院の歴史に関して『トゥルネのサン・マルタン修道院の復興について』という著作を書いている。

**8** ラン司教バルトロメウス(在任一一一三〜五〇)は、クサンテンのノルベールの教会改革理念に共鳴し、ノルベールがラン近郊のプレモントレの地に修道院を創建するのを助けた。

**9** 家人(ミニステリアーレン)は不自由身分の出自で主として教会や修道院に仕えた人々のこと。司教や修道院長らが封建貴族化するのに従い、それに奉仕する家人も下級貴族となった。

10 ビンゲンのヒルデガルト(一〇九八〜一一七九)は、修道女であり有名な神秘思想家でもある。彼女は自身の幻視体験を著作『スキヴィアス』で書いたが、それは西欧中世の神秘思想の著作のなかでもとくに重要なものである。彼女は一一四七年にマインツの近くのルーペルツベルクに女子修道院を創建し、その院長となった。

11 シャルトルのイヴォ(一〇四〇頃〜一一一五)は、一〇九〇年にシャルトル司教となった教会法学者。著作に『教令集』『パノルミア』などがある。

12 一一三九年年にローマのラテラノで開催された公会議。教皇インノケンティウス二世と対立教皇アナクレトゥス二世による教会分裂の解決をめざした公会議であることでも有名である。

13 ヴィトリのジャック(一一六〇頃〜一二四〇)はパリ大学で学んだあと、一二一〇年にはリエージュ司教区内の都市ワニーのサン・ニコラ律修参事会の参事会員となり、同地で新たに生まれたベギンたちの活動を支援した。説教者としてアルビジョワ十字軍参加を勧める遍歴説教に従事したのち、十字軍国家のアッコン司教となり、教皇グレゴリウス九世が登位すると枢機卿に取り立てられた。説教範例集や著作『西欧の歴史』で知られる。

14 シトー会は、一〇九八年にモレーム修道院の院長だったロベールが仲間の修道士たちと新たに創建したシトー修道院から発展した修道会。クリュニー系修道院の修道士の安逸な生活を批判し、ベネディクト戒律を厳格に守る苦行の生活をした。とくにベネディクト派修道士の華美な服装を批判して、あえて染色しない白い修道服を着用したことから「白い修道士」とも呼ばれる。十二世紀のシトー会の発展にとり、カリスマ性をもった指導者クレルヴォーのベルナールの功績が大きい。

15 ブルゴーニュ地方のディジョン近郊にある修道院。一一二四年頃に創建された。
16 ノルマンディ地方のアヴランシュ近郊にある修道院。一一一二年に創建され、四七年にシトー会に編入された。
17 リムーザン地方にある修道院。一一三四年頃にオバジーヌのステファヌスにより創建され、四七年にシトー会に編入された。
18 ラン司教バルトロメウスが一一三六年に創建したラン司教区内にあるシトー会女子修道院。
19 センプリンガムのギルバート(一〇八三頃~一一八九)は、イングランドの律修参事会系の修道会であるギルバート会の創設者。一一四八年にシトー会に援助を求めるが、修道会に女性を受け入れていたために拒否された。
20 プリューフェニングのイドゥングは、一一三三~四二年にレーゲンスブルク司教座付属学校の教師であったことがわかっている人物。一一四四年までは、レーゲンスブルクにあるプリューフェニング修道院の修道士であったが、その後シトー会士になった。自身がなぜベネディクト派修道士からシトー会士に変わったかについて、著作『二人の修道士の対話』のなかで述べている。
21 Herbert Grundmann, *Religiöse Bewegungen im Mittelater*, Berlin 1935.
22 Isnard Frank, *Die Bettelordensstudia im Gefüge des spätmittelalterlichen Universisätswesens*, Stuttgart 1998.

甚野尚志 訳

# ひとつ屋根の下の教会と俗世

## ドイツ中世における聖堂参事会

### 聖堂参事会をめぐる研究

聖堂参事会《シュティフト》とは、修道生活を理想としながら、司牧活動の任務にも従事した聖職者の集団組織です。彼らは、初期キリスト教の教父や教会会議の伝統に従う生活を志向しました。しかし、特定の戒律に従うわけでもなく、修道誓願もおこないませんでした。実際、聖堂参事会は、八一六年にルートヴィヒ敬虔帝によって制定された戒律[1]に基づいて組織されました。しかし、その規約は当時、フランク王国内のすべての修道士が従っていたベネディクト戒律[2]とは区別されていたのです。したがって、ここでは聖堂参事会とは異なる組織である修道院や修道会を扱いませんが、律修参事会、およびアウグスティヌス律修参事会[3]についても言及しません。なぜなら、律修参事会はたとえ修道士的理想の完全な実現は不可能だとしても、できうる限り俗世から距離をおこうとしていたという点で、修道院に類似していたからです。

また、私はドイツ中世の聖堂参事会についてここで取り上げますが、神聖ローマ帝国西部のみを言及するつもりです。なぜなら、この西部にこそ、ドイツ語圏において建立された聖堂参事会の約半数が集中しているからです。さらに、中世の全期間にあてはまる事実ではありませんが、聖職禄の数もまた西部のほうが多かったのです。ここで言及できることには限りがありますので、この西部地域のうち、私自身がよく知っているモーゼル川、およびライン川南部の地域を主に取り上げていきます。ただし、場合によってはより広い地域の事例にも目を配っていきたいと思います。

在俗の聖堂参事会と参事会員は、研究史上、長きにわたって修道会と修道士研究の陰に隠れてきました。それに対し、近年のドイツ国内の在俗聖堂参事会研究において新しい、そして決定的な刺激を与えたのが、ペーター・モーラフです。彼の著名な論文「ドイツ中世における聖堂参事会の類型学、年代学、地理学について[4]」で、モーラフは聖堂参事会を

「教会と俗世の出会う場所」と特徴づけました。つまり、モーラフは基本的に俗世に対し背を向けている修道院ではなく、聖堂参事会のなかに「多様な社会的諸関係と広範囲な意味での縮図」を見出したのです。そして、彼はその論文で、「典型的な聖堂参事会研究とは……個々の教会の研究であり、せいぜい……地域研究である」と指摘しています。そして、このような研究状況にともなう方法論上の問題点についても言及しています。その問題点とは、史料上の限界から生じる歴史の空白部分を、曖昧《あいまい》な発展図式で補ってしまうことです。聖堂参事会に関する一般的な歴史的知見は、個々の事例の分析に基づいていますが、そのような個別研究の成果のなかにモーラフは、「循環論法」や「ただの推測を、あまりにも性急に事実として認めてしまおうとする傾向」を看破したのです。

　しかし近年になって、聖堂参事会研究はその遅れを取り戻してきています。伝統的な「ゲルマニア・サクラ[5]」シリーズは、一九五六年以来、その重点を聖堂参事会研究におき、その結果、このシリーズだけでも、ここ三〇年で二四もの個別研究が刊行されました。主に、トリーア、ミュンスター、ヴュルツブルク司教区の聖堂参事会が取り扱われていますが、地域研究も増えてきています。スイスの聖堂参事会は、「ヘルベティア・サクラ[6]」シリーズですべて取り上げられました。テュービンゲンに関しては、ゼンケ・ローレンツの指導下に、ここ数年でバーデン゠ヴュルテンベルク州の聖堂参事会のハンドブックが刊行され、それは個別研究を含む数点の論文集によって補完されています[7]。また最近出版された『ラインラント歴史地図』最新号には、修道院のほかに聖堂参事会も扱ったものが二点あります[8]。

全般的叙述はいまだにあらわれていませんが、近年の研究はモーラフの問題提起を積極的に受容するとともに、彼の視点から欠落している点、例えば経済的制度に関する研究もあらわれてきました。しかし、モーラフが提起した聖堂参事会と俗世の関係という主題は、命脈を保ちつづけています。たびたび北ドイツ、とくにブラウンシュヴァイクとゴスラーの聖堂参事会の研究をおこなってきたベルント・シュナイトミュラーは、聖堂参事会は「教会と俗世がもっとも緊密に出会う場所である」とさえ述べています[9]。ここ十数年来、とくにスイス地域の聖堂参事会を調査しているギイ・マルシャルによれば、「聖堂参事会はまさに、模範的なかたちで、異なる制度、身分、支配、教育、さらには経済までもが相互に干渉する場所」でした[10]。

一方で、モーラフの視点に基づく研究の別の問題点も、指摘されるようになりました。例えばミヒャエル・ボルゴルテは、中世における「全体的現象」である寄進行為への関心から、「聖堂参事会の内的歴史、すなわち聖堂参事会員の自己認識や宗教的義務を強調する歴史によって、補完をおこなうよう」要求しています。[11] またマルシャルも、死者の記念祷《メモリア》[12]を望む寄進者のために荘厳ミサを挙行することが、聖堂参事会の主たる責務であると述べています。この行為はマルシャルに従えば、「アイデンティティを強固にし、どんな干渉にも動じない組織の基盤」になるものでした。ですから、聖堂参事会に関与しようとする人々にとっては、とくに死者記念の荘厳ミサの挙行が大きな関心事だったのです。

これまで述べてきたような近年の研究成果を、伝統的な聖堂参事会研究の関心に結びつけようとしたのがオリバー・アウゲです。そして、彼によって二〇〇二年に刊行されたシュトゥットガルトのハイリゲンクロイツ教会に関する研究[13]が、注目に値します。このなかでアウゲは「自己認識と教会・宗教上の制度」、聖堂参事会内部の活動、一般的に史料状況のよくない聖堂参事会員の「日常的営み」、彼らの学問的あるいは宗教的な関心や実践といった多様な側面を考察しています。彼が使った史料は量が乏しく、時期的には宗教改革直前という後代に属するものでしたが、それらの史料を綿密に比較することで、アウゲは聖堂参事会員を「公共空間と私的空間のはざまに立つ」聖職者と理解しました。そして、アウゲはできる限り彼らを一人の「人間」、つまり「病人、困窮者、哀悼者、家族の成員、として見ることで、彼らの「自己認識」とその「メンタリティ」を明らかにしたのです。全体として、アウゲは聖堂参事会員について、その多様な現実の姿を描き出しています。



モーラフはたしかに、聖堂参事会の社会史的・政治史的次元を重要視する一方、内面的・宗教的かつ制度的な生活を対象とした初期の聖堂参事会研究の関心からは、距離をおいていたといえるでしょう。しかし、彼の選択した問題設定に関する史料状況が、後代になるほど良好になっていくこともまた事実なのです。実際、モーラフの研究を批判したボルゴルテの流れを汲む近年の研究においても、このような史料状況の問題は認められています。

さらにいうと、モーラフが聖堂参事会の社会史的かつ政治史的側面を優先し、その点に関心を集中させたのは、そもそもその研究対象である聖堂参事会の性質を考えれば、十分に納得できるでしょう。なぜなら、聖堂参事会制度には参事会員が教会と俗世の双方において、広く影響を与える可能性があったからです。この可能性こそが、聖堂参事会員を律修参事会員と修道士から区別しました。実際、聖堂参事会では共住生活の負担が極度に軽減され、個々の参事会員が自身の財産およびそこから得られる収入を、自由に処分することができたからです。このような特徴は、修道士や律修参事会員が共有財産および清貧を重視したことを鑑みれば、極めて対照的であるといえるでしょう。そして、たとえ聖堂参事会員が自分の属する教会にとどまらず、さらにはそこに居住していなかったとしても、聖職禄からの収入はその聖堂参事会員に与えるべきものとみなされました。

つまり、聖職禄はその保有者に、ただたんに教会内陣の席や会議参加の権利を与えただけではなく、確かな生活基盤をも与えました。そして聖職禄と聖堂参事会における義務が結びついていなかった、あるいは、極めてわずかにしか結びついていなかったからこそ、聖職禄はその保有者に対し、教会外での多様な活動を保証したのです。例えば、そのような活動は大学での勉学に始まり、司教や諸侯あるいは支配者に対し助言を与える職務にいたるまで多様でした。聖職禄は物質的な基盤として、国家、行政、教育の制度的発展を支える前提条件のひとつとなったのです。

その一方で、聖職禄は無住者聖職禄[14]であり、多かれ少なかれ独身を守る者、とくにその大部分が金持ちで身分の高い無為の徒を扶養するのに役立っていました。また聖職禄を自由に使えることから、必然的にその乱用の可能性が生じました。このことは定期的なミサの挙行を危機にさらすことになりました。結果として、聖職禄という言葉にはネガティヴな意味が付与され、同時に在俗聖堂参事会員すべてが、倫理的に低くみられることになりました。聖職者の共同体生活の理想は、個々の修道士や律修参事会員が清貧と禁欲を守りつつ、教会堂、回廊、寝室、食堂をともにする共住生活でした。ですから、共住生活を放棄し私財を抱え込むことは、すでにアニアーヌのベネディクト[15]や教皇グレゴリウス七世[16]（在位一〇七三～八五）により非難されています。さらにまた、このような同時代の批判だけでなく、今日の研究でも、修道制の理念的立場からの研究や、都市民の視点からの研究では、聖堂参事会のあり方への批判が前提とされています。修道院の退廃、つまり修道院財産の私有化は、聖堂参事会的生活への堕落としてとらえられました。修道院も聖堂参事会も巻き込まれた改革の目的は、九世紀以来、共住生活の再生と私財の放棄で、これらにしばしば肉食を絶つなどの高度な禁欲が結びつきました。さらに、十五世紀になると改革は、中世盛期以来、修道院・聖堂参事会を支配してきた貴族特権の制限、あるいは撤廃を要求する市民によって主導されるようになりました。

しかし、修道士的理想に基づき、倫理上の問題に踏み込んだ批判を、在俗聖堂参事会員の生活様式に向けるというのは、公正とはいえないでしょう。なぜなら、中世において修道士とされてきた者たちが、実際には聖堂参事会員の生活様式を享受していた事例が多数みられるからです。例えば、先に述べたような市民による修道院改革に対抗して、少なからぬ修道院が名目を聖堂参事会に変えましたが、それは驚くに値しないのです。例えば、一四二一年に聖堂参事会に移行したマインツのザンクト・アルバン修道院の修道士らは、それまで共住生活を送っていたわけでもなく、さらには修道誓願さえしていなかった可能性があるのです。つまり、彼らにとってそのような名目の変更は、今まで続けてきた生活をたんに合法化したにすぎない側面があったのです。

また、八〇〇年頃に有名なカール大帝が、トゥールのサン・マルタンの聖職者たちが修道士なのか聖堂参事会員なのかわからないと非難したとき、アルクィンはこの聖職者たちの生活様式を弁護しています。また、ルートヴィヒ敬虔帝は急進的な修道士であるアニアーヌのベネディクトの影響を受けて、八一六年と八一七年に、フランク王国内の宗教団体に対して、修道院式のベネディクト戒律と聖堂参事会式のアーヘン戒律という二つの規範を課しました。しかし、このとき、伝統的権威をもつ王立修道院であるサン・ドニの修道士の大多数が選んだのは、聖堂参事会式のほうだったのです。しかし、サン・ドニは数年後に、ベネディクト戒律を採用することで、もとの修道院に戻っています。

また、その後もしばらくのあいだ、エヒテルナハやトリーアのザンクト・マクシミンのような有名な修道院においても、そこに修道士が暮していたのか、それとも聖堂参事会員が暮していたのか、判然としないのです。史料はたしかに修道院《モナステリウム》や修道士たち《フラトレース》について述べていますが、これらの言葉の意味は、聖堂参事会員《カノニクス》や修道士《モナクス》という概念が明白に定義されていたのに対し、不明瞭なままとなっています。さらに、女性修道者の場合は区別なく修道女《サンクティモニアリス》と呼ばれ、その差異は重要ではありませんでした。のちの聖堂参事会の大部分はこのような曖昧で、はっきりとは定義されえない聖職者共同体から生まれたのです。

アニアーヌのベネディクト以来、聖堂参事会員は修道士の陰に隠れることになりました。修道士は十世紀以来、改革運動や修道会設立といった点でわれわれの関心を集めました。さらに、聖堂参事会員も十一世紀になって、使徒的生活の理想から清貧と禁欲に引き寄せられました。いわゆるアウグスティヌス戒律に従う厳格な改革者、つまり律修参事会員の目には、従来の伝統に忠実な聖堂参事会員は卑俗な存在に見えたのです。ここではたしかに、「在俗の」(secularis)に対する意図的かつ、ネガティヴな響きが込められています。

しかし、十二世紀の在俗聖堂参事会員は、俗世において前述のような彼ら固有の義務を果たしていたのです。そして、倫理的批判の対象となった彼らの開放性ゆえに、聖堂参事会は魅力的な存在となりました。さらに、聖堂参事会が長期間にわたって繁栄した理由について、マルシャルとモーラフは聖堂参事会の組織制度の柔軟性を一致して強調しています。

つまり、この柔軟性ゆえに聖堂参事会は、多様な、時代の変遷とともに変わりゆく需要と利益に対応し、かつさまざまな社会的・政治的・経済的な状況において、特定の役割を果たすことができました。建立者の立場が多様であっても、彼らにとって聖堂参事会は役に立つからこそ新規に建立されたのです。その結果として、とくに富裕な聖堂参事会は社会の利害関係と政治的打算の対象とされました。そして、聖堂参事会の確保は、主に地域の指導者層にとって極めて重要な関心事でした。彼らは自らの子孫のために、彼らの参事会を外敵や下賤な者の干渉から守り抜こうとしたのです。

このような点に注目して、同時代または時代を追って比較してみますと、極めて興味深いプロセスが見出せます。このプロセスにこそ、聖堂参事会、あるいは司教座聖堂参事会も含めた研究の大きな魅力が存在しているといえるでしょう。社会史的な関心をいだく歴史家にとって、この研究から地域またはそれを越える広域ネットワークや個人のつながり、または外部要因などがもたらす影響を見つけることができるのです。

## 聖堂参事会の地域分布

中世末期にいたるまでのライン左岸地域において、聖堂参事会の大部分は多かれ少なかれ、古い聖職者共同体か、あるいは帝国修道院を母体としてゆっくりと発展しました。例をあげるなら、クサンテン、ケルンのザンクト・ゲレオン、ボンのザンクト・カッシウス、トリーアのザンクト・パウリン、そしてザンクト・ゴアールです。いくつかの聖堂参事会は明らかに修道院によって、司牧および行政の拠点として建立されました。このようなケースとしてはプリュム修道院[17]によるミュンスターアイフェルおよびプリュム、ホルンバッハ修道院[18]によるホルンバッハおよびツェル・イン・デア・プファルツのザンクト・フィリップがあります。司牧および行政の拠点として二重の意味で利用することを明らかに狙ったのが、トリーア大司教によってコブレンツに建立されたザンクト・フローリンおよびザンクト・カストール、あるいはラーン渓谷のディトキルヒェンでした。これらの聖堂参事会により、大司教[19]は自らの司教区で影響力を拡大しようとしたのです。同時期に俗人のコンラーディナーも、城塞聖堂参事会としてケッテンバッハないしゲミュンデン、リンブル

ライン川流域の聖堂参事会があるおもな都市

訳者(小山)作成。

ク、ヴェッラーを建立していました。これら城塞聖堂参事会の範例となったのは、初期の王宮聖堂参事会であるアーヘンのザンクト・マリーエンや、フランクフルトのザンクト・バルトロメウスでした。

特徴的なことに、十世紀および十一世紀になって多くの聖堂参事会が司教により、司教領に建立されました。中心となったのはたいてい司教都市内部か、あるいはその近接地でした。場合によってはさらに遠隔地に建立されたケースもあります。例としては、マインツ大司教がマインツ大司教区とトリーア大司教区の境界域に建立したディジボーデンベルクがあげられます。

農村で建立された聖堂参事会では、世俗の建立者が司牧と支配権をともに獲得したという説明は非常に説得力があります。しかし、それでは都市に聖堂参事会が建立される理由は何だったのでしょうか。この点に関しては、さらなる説明が必要でしょう。すでに中世初期において、古いガロ・ローマ司教都市においては大聖堂域内の聖堂参事会のほか、都市門前を取り囲むようにバシリカ聖堂群があり、そこには修道士か聖堂参事会員、もしくは両方の要素をもつ聖職者が共同体生活を送っていました。十一世紀までにすべての司教都市は、司教座聖堂参事会のほかに最低ひとつの聖堂参事会を基本設備として備えるようになりました。そして、聖堂参事会をすでにかかえていた都市であっても、その数は場所によっては増加しました。例えばマインツでは、約二〇〇年のうちに八つの聖堂参事会が、都市の内外に出現しました。リエージュとケルンでは七つ、ヴォルムスでは四つ、シュパイアーとストラスブールでは少なくとも三つの聖堂参事会が成立しました。これに対し、トリーアではポルタ・ニグラ[20]内部にザンクト・シメオンがただひとつ建立されただけでした。ここでは、以前から存在したザンクト・パウリンとザンクト・パウルスをあわせても、わずか三つの聖堂参事会があげられるにすぎません。トリーア市ではむしろ、都市門前に居を構える古い男子修道院のザンクト・マクシミン、ザンクト・エウカリウス、ザンクト・マルティンが優勢でした。

## 聖堂参事会の機能と特徴

このような都市における聖堂参事会建立について、さまざまな理由が推測されています。聖職者の養成拠点、および司教の官吏たちの居住地としての機能を期待して、司教が聖堂参事会を建立することもありました。また、ローマの模倣が示唆されるケースとしては、都市マインツの北側、小川をはさんで建立されたザンクト・ペーターの例があげられます。

ここで忘れてはならないのが、モーラフおよびイレーネ・クルジウスによって強調された聖堂参事会の表象機能でしょう。聖堂参事会は帝国司教たちの支配権の主張、および自己認識をアピールするものでした。とくにクルジウスが強調する点は、都市門前の聖堂参事会を「第二の市壁」とみなせることです。[21] このことを示す最良の例が、ヴォルムスのザンクト・パウルスでしょう。この聖堂参事会は一〇一六年以前に司教ブルヒャルトにより、かつてあったザリアー伯の城塞を完全に撤去した跡に建立されました。ブルヒャルトの伝記が語るところによると、それは盗賊の洞から聖地をつくりだす行為でした。また、都市門前に成立したザンクト・アンドレアスは、ブルヒャルトの利益のために市壁内部に移転させられています。ヴォルムスのこれら両聖堂参事会は市壁と並んで、物的な意味において都市の防備施設でした。

世俗貴族の建立者としては、アーヘンにおけるカール大帝(在位七六八〜八一四)、フランクフルトとレーゲンスブルクにおけるルートヴィヒ・ドイツ人王(在位八四三〜八七六)といった皇帝や王のほかに、フランドル伯、シャンパーニュ伯、コンラーディナーなどが主導的役割を果たしました。ヴェルデンでは十一世紀までに、部族城塞のなかに聖堂参事会が建立されました。十二世紀には、シャンパーニュ伯のもとで広域にわたる建立政策が実施され、小規模な聖堂参事会をかかえる城塞と中心地の組合せが、生まれつつある領邦内につくられたことが知られています。このような政策はときには在地の貴族との共同作業によっておこなわれましたが、ときには対立のなかでおこなわれることもありました。十二・十三世紀には、メッツ司教がシャンパーニュ伯と同様の戦略をとっています。ロレーヌ中央部では、三〜四人の司教、ロレーヌ公、さらにバール伯などの有力な伯とコマーシィなどの中小領主がひしめき合っていました。彼らは十四世紀にいたるまで、この狭い地域に聖堂参事会を建立しつづけました。モーゼルおよび中部ライン沿岸地域においても、このような聖俗の建立者が拮抗する図式は決してまれではありませんでした。

それに対し、フランクフルトにおいて新しい建立者層を確認することができます。それが都市市民層です。もっとも、この場合、市民層には下級貴族や家人出自の家門が含まれていました。しかし、このフランクフルトでみられた都市の市民家門による聖堂参事会の建立は、ドイツにおいては例外的でした。つまり、マルシャルの定義するような厳密な意味での都市聖堂参事会、すなわちある都市において市民層が建立し管理するような聖堂参事会は、スイスにしか存在しなかったのです。

さらに、聖堂参事会に共通する特徴として、以下の二点を指摘しておきたいと思います。

第一に、聖堂参事会の数、さらには聖堂参事会に付与された聖職禄は、特定地域における経済力を反映していました。もっとも充実していたのは、より都市が発展していたフランドルや北イタリアであり、ここに比肩しうる地域はドイツにおいて存在しませんでした。またドイツ内においてもケルンをはじめとするニーダーライン地方に比べれば、中部ライン沿岸地域、モーゼル沿岸地域、およびその周辺地域の聖堂参事会は明らかに貧弱でした。

第二に、聖堂参事会は本質的に都市的な現象でした。そして、もっぱら都市に建立されたがゆえに、聖堂参事会は都市発展の段階を示す指標として利用できます。それに対し、都市から離れた地に聖堂参事会が建立されるのはまれで、また、その地が都市に発展する例はほとんどありませんでした。さらに、司教や俗人による領邦形成過程においても、聖堂参事会が積極的に支配の拠点として利用されることはありませんでした。したがって、ザンクト・ミヒェル、エヒテルナハ、プリュム、ホルンバッハあるいはヴァイセンベルクといった大規模な修道院とは異なり、聖堂参事会が都市領主権を生み出すことはなかったのです。聖堂参事会自体が都市形成の原動力になることは、わずかな例外を除いてほとんどありませんでした。

## 都市と聖堂参事会

いうまでもなく、司教座聖堂参事会はもとより、都市聖職者内において聖堂参事会は重要な役割を果たしました。それゆえ、多くの近年の個別研究はモーラフの拓いた道に従って、建立・制度・所領構造などの古典的なテーマだけでなく、聖堂参事会の対外的関係も視野に入れるようになってきています。例えば教皇または国王や皇帝の介入、聖堂参事会周辺の都市や聖俗支配者層との関係、さらには他の宗教組織、とくに司教座聖堂参事会との関係や、都市・地域・教会の指導者層との個人間のつながりなどさまざまな興味関心が研究対象になってきています。

さらによいことは、近年の都市史研究においても、聖堂参事会そのもの、および聖堂参事会と都市社会との密接な関連性を扱うようになってきたことです。その代表例としてはゲロルト・ベネンによって編纂され、また、その大部分を自ら執筆している『ヴォルムス市史』[22]があげられるでしょう。この本に収録されている論文のいくつかは、ヴォルムスの聖堂参事会と都市の関係を扱っています。それによって大きく乗り越えられたのは、聖職者と市民の紛争という側面のみを強調してきた伝統的都市解釈モデルです。すでに中世後期の都市史料にあらわれていたこのような解釈は、宗教改革、啓蒙主義、リベラリズムに立脚した十九世紀の市民的・反聖職者的史観に基づく歴史叙述によって強化され、現在もなお影響力をもちつづけています。

しかし、状況ははるかに複雑で、都市領主と市民の協力がしばしば大きな役割を果たしたということは、クヌート・シュルツ[23]やアルフレート・ハーヴァーカンプ[24]とその門弟らによる研究以降、ますます明確に指摘されるようになりました。例えば、トリーア、メッツ、マインツ、ヴォルムス、シュパイアー、コブレンツ、あるいはミュンスターマイフェルトのようなより小規模な都市においても、市民と都市領主である大司教の家人[25]（ミニステリアーレン）はもともと敵対してはいませんでした。さらに、十二・十三世紀の都市参事会形成期において、市民指導層の多くは家人出自だったのです。

しかし、だからといって、都市参事会と司教、および都市聖職者間において激しい紛争があったという事実を、否定することはできません。実際、都市は司教や司教座聖堂参事会の権利を抑制することによって、自治権の拡大に尽力したのです。都市の防衛と基本設備の財政的負担、および間接税《ウンゲルト》の免除、聖職者とその奉公人の裁判籍といった聖職者側の特権が攻撃の対象になりました。このような都市側の要求を、都市聖職者は彼らの伝統的な身分特権に対する侵害として拒絶しました。彼らは対抗手段として、都市における宗教生活の停止を試みました。そのやり方は、通例の教会罰（破門[26]・聖務停止[27]）の布告にとどまらず、ときには都市から聖職者全員が一斉退去するという過激な手段まで用いられました。

## マインツにおける聖堂参事会の同盟

さらに、聖職者によって頻繁に用いられた抵抗手段として重要なものが、ときに修道院をも含む都市の聖堂参事会の同盟でした。それは市民の要求だけでなく、司教、教皇、皇帝の財政的要求に対抗するために結成されることもありました。私は聖堂参事会をめぐる複雑な利害関心の変化と同盟の関係を説明するために、ここでマインツを例にして紹介したく思います[28]。なぜなら、この都市に注目すれば、大司教、都市内外にあった八つの聖堂参事会と二つの修道院、そして十二・十三世紀に勢力を増大させた市民を一括して取り上げることができるからです。

同盟の活動が最初にあらわれるのは、司教座聖堂参事会と諸聖堂参事会・修道院が、司教の家人と協力して大司教アーノルト[29]に反抗した十二世紀中期のことです。しかし、家人たちが司教座聖堂と司教館を一一五九年の教会会議のあいだに急襲し、略奪したとき、聖職者と家人の連携は崩れ、聖職者層は抵抗運動から脱落してしまいました。数十年後、聖職者と市民はもはや異なる集団に別れてしまっていました。しかし、マインツの聖堂参事会員と市民の密接な協力関係が消滅したわけではありませんでした。それは一二四四年、大司教が都市マインツに自由特権の付与をおこなった際に重要な役割を果たしたと考えられます。実際、この有名な証書において、司教座聖堂参事会だけでなく、ザンクト・ペーター、ザンクト・シュテファン、ザンクト・ヴィクトル、ザンクト・マリア、ザンクト・マリーエングレーデン、ザンクト・モリッツ、ザンクト・ヨハン、ザンクト・ガンゴルフといったマインツのすべての聖堂参事会が、都市の自由特権を保証しているのです。このとき、都市と聖職者が協力できたのは大司教の新たな課税に対し、協力して抵抗する必要性があったからでした。

しかし、十三世紀後期から十四世紀前半に、都市の特権と都市市民の干渉に対する聖職者の特権が並行して、繰り返し大司教によって確認されるようになると、状況に変化があらわれます。一三一九年にマインツで聖職者の同盟が結成されたのち、二二年、聖職者の自由特権が確認されました。それにもかかわらず、一三二五年、大司教は都市に対し、夜間に武装して外出した聖職者と修道士を逮捕し、教会裁判に委ねる権利を文書で承認したのです。これに対し、一三二六年、マインツの聖職者層は「負担と不満」が増大したことを理由に同盟を更新し、その際、彼らは聖職者とその所領に対して起こりうる攻撃への防衛を約束しました。おそらくこれは武装聖職者の問題だけでなく、都市に有利なワイン販売と教会罰の悪用が規定されたことに対する聖職者の反発であったと考えられます。当該

中世都市マインツの聖堂参事会と修道院

訳者(小山)作成。

の修道院の意見に従えば、一三二九年、市民にとって重要だったのは、「教会の権利と自由」に対する戦いだったのです。

また、司教座聖堂参事会は一三二五年、市民出自で、都市裁判官《シュルトハイス》の息子であるザンクト・シュテファン聖堂参事会長と、ある市民の息子が、教皇から司教座聖堂参事会員職の継承期待権を獲得したことに反発しました。そして、司教座聖堂参事会は決して今後、マインツ市民の息子、またはそれに類する騎士的階層を司教座聖堂参事会員として受け入れないという原則決定を文書で確認したのです。つまり、彼らはマインツ教会の敵とみなされていたのです。一三三二年、都市は大司教バルドゥイン[30]と和解した際、この司教座聖堂参事会の決定事項を正式に承認せざるをえませんでした。

さらに、司教座聖堂参事会と皇帝によって支援されたマインツ大司教バルドゥインと、教皇によって指名されたヴィルネブルクのハインリヒ[31]によって引き起こされた一三二八年から三七年までの紛争において、新しい急速に変化した同盟が結成されました。一三二八年、教皇ヨハネス二十二世（在位一三一六～三四）は教皇派ハインリヒへの支援を理由に、マインツの聖堂参事会を賞賛しました。しかし、一三三六年、教皇ベネディクトゥス十二世（在位一三三四～四二）は皇帝派バルドゥインの支持者として、ザンクト・ヤコブ修道院長、および五つの聖堂参事会に所属する数名の高位聖職者と聖堂参事会員の名前をあげ、彼らを激しく非難しました。明らかにこの紛争は、マインツの諸聖堂参事会、さらには修道院内部にまで軋轢《あつれき》をもたらしていたのです。

都市は当初、一三二九年に都市特権を確認し、その権限を拡大してくれた教皇派のハインリヒに味方しました。その後、都市は皇帝派バルドゥインの包囲攻撃に対する戦闘において、ザンクト・ヤコブ修道院とザンクト・ヴィクトル聖堂参事会を攻撃しました。バルドゥインは使者をマインツに派遣して、都市周辺の修道院・聖堂参事会の軍事的脅威から、

司教座聖堂（マインツ）

ザンクト・シュテファン聖堂参事会（マインツ）

上・下：訳者（小山）撮影。

都市を保護する約束をかわしました。それにもかかわらず、市民らは都市防衛上の理由からザンクト・アルバン修道院を完全に破壊し、また、ザンクト・ヴィクトル聖堂参事会の一部も破壊しました。

教皇と教皇派大司教ハインリヒは、一三三〇年、都市マインツとその市民を軍事的暴力によって強制された破門と聖務停止から解放しました。他方、皇帝はバルドゥインに勧められて、一三三二年一月、ザンクト・アルバン修道院、ザンクト・ヤコブ修道院、ザンクト・ヴィクトル聖堂参事会とその他の聖職者に対する権利侵害を理由に、都市参事会と都市共同体にアハト[32]を宣告し、高額の損害賠償を請求しました。このとき皇帝のもとに居合わせたマインツの聖職者らは、全聖職者の代表であることを自認していました。しかし、教皇はその二カ月後、ザンクト・ヨハン聖堂参事会とザンクト・ガンゴルフ聖堂参事会の司祭長、およびザンクト・ペーター聖堂参事会の学校長に対し、この行為の無効を宣言するよう求めました。また、このとき教皇派大司教ハインリヒは、ザンクト・ペーター聖堂参事会の聖歌隊長とザンクト・シュテファン聖堂参事会の聖歌隊長の支持を期待していました。

皇帝派大司教バルドゥインは一三三二年に都市と和解しましたが、その後、三七年、ついに大司教職を辞任しました。しかし、バルドゥインを支持していた司教座聖堂参事会は、これ以降も教皇派大司教に対する抵抗を継続しました。その結果、彼らは他のマインツ聖堂参事会の権利を犠牲にすることで、都市と司教区において、自らの諸権利をさらに拡大することに成功しました。

マインツ大司教位をめぐる同じような紛争は、数年後の一三四六年に再び勃発しました。またもや、司教座聖堂参事会は教皇によって指名された大司教に反抗しました。そして、

ザンクト・ペーター聖堂参事会(マインツ)

訳者(小山)撮影。

当初、彼らはマインツの修道院と聖堂参事会が、教皇派大司教を援助しているのではないかという疑いをもちました。そして、再びマインツ聖職者内部の党派分裂が、彼らの政治的対立を助長することになりました。ザンクト・アルバン修道院に続いて、ザンクト・ペーター聖堂参事会がドイツ国王ルートヴィヒ四世[33](在位一三一四～四七)と和解しました。その一方、ザンクト・ヴィクトル聖堂参事会は、ルートヴィヒ四世によってくだされたアハトに抵抗しました。一三四八年、聖堂参事会は司教座聖堂参事会に対抗して同盟を結びましたが、その直後、これに対する反同盟が結成されました。一三五四年、大司教ハインリヒの死がようやくこの紛争を終結させました。約一〇〇年後、マインツは再び教皇派と国王派によるマインツ大司教位をめぐる争いに巻き込まれます。そして、これによって再び引き起こされた市民と大司教、聖職者間の紛争は、一四六二年、都市マインツが占領され、都市が自由特権を喪失することによってついに終結したのです。

以上の歴史からわかるように聖職者の同盟は、社会的矛盾に満ちた都市から自立した一枚岩の強固な連合体ではありませんでした。実際、マインツ聖職者内部においては、頻繁に離合集散と紛争が繰り返されたのです。しかし、この同盟が大司教区と都市内の支配をめぐる紛争において、重要な要素でありつづけたことは明白です。また、マインツの聖職者の同盟は繰り返し、一三二六年の文書を引合いに出していました。それゆえ、この文書は紛争の論点をおさえ、利害を調整するための模範として評価されていたのです。

この文書における中心的な課題は、聖職者の身分的特権に対する攻撃の阻止でした。具体的には、聖職者の逮捕と暴力的攻撃、教会や家屋、館、特権区域《イムニテート》への暴力的侵入や通行税・関税からの解放、間接税の免除に基づくワインや他の教会農園における収穫物の自由な販売があげられています。さらに、独自の利害団体として行動するために、ザンクト・ヴィクトル聖堂参事会を除く全参加者の融資によって共同金庫がつくられました。具体的な戦争への対策としては、紛争の際、彼らが神の平和的立場をとることを約束しました。

二人の修道院長と聖堂参事会のうち、そのつど選ばれた一人から二人までの聖堂参事会員によって構成された裁定委員《ディフィニトーレス》の委員会が、助言の権利と、すべての同盟の構成員に対し、拘束力のある決定をくだす権利を有しました。しかし、彼らはまた構成員間と修道院・聖堂参事会内における紛争、とりわけ選挙紛争が起こった場合、あるいは聖堂参事会員が参事会所領を横領、もしくは参事会上層部に従わない場合、それに介入することが求められました。すべての参加者は、誓約によって同盟に従わなければなりませんでした。強制的手段として、刑罰と並んで、同盟からの除名と聖職禄の剥奪があらかじめ決められました。
一三八二年以降、司教座聖堂参事会が同盟に加わりました。司教座聖堂参事会は全部でわずか五名の裁定委員のうち、二名を出すことになりました。彼らの決定は全聖堂参事会の総会において不一致が起こった際、拘束力をもつことになりました。都市参事会と市民に対する強制手段として、聖務停止に並んで、都市からの退去が取り決められました。これによって、彼らは一三五五年に、都市参事会によって公布された聖職者への土地、永代貢租、地代の売却禁止に対抗したのです。しかし、市民側は教会財産の増加を阻止し、その特権であるワイン小売の制限を試みました。一四三三年、九人となった裁定委員による委員会の権利が強化された結果、少なくとも七票でもって、委員会は総会の投票とは無関係に、都市に対して聖職者側の政策を実行することができるようになりました。一四四八年、同盟はさらに修道院と聖堂参事会の枠を超えて開放されましたが、新規の構成員は投票権をもちませんでした。



同じような紛争過程と聖堂参事会員の戦略は他の司教都市、例えばシュパイアーやヴォルムスにおいても認められます。ただし、ヴォルムスにおいては、マインツ以上に市民の指導層と聖堂参事会員のあいだに密接な関係が見出されます。さらにいえば、これら司教座都市より規模の小さい中小都市、例えばコブレンツやミュンスターマイフェルトの都市史は、司教座都市以上に、聖堂参事会史という性格を強くもっていました。実際、ここでは領主である司教はほとんど滞在せず、また、強力な市民指導層もあらわれにくかったのです。ベルント・ゴルトマンによれば、このような都市では都市・市民・聖職者というような一律的な概念は適合的ではありませんでした。なぜなら、そこではこのような概念の境界は流動的であったからです。しかし、彼はこのような概念以外に有効な選択肢がないことも認めています[34]。

聖堂参事会員と都市主導層が密接な関係にあり、とくに財政面において緊密な協力関係が立証された中型都市コブレンツにおいても、一二五〇年代以降、聖堂参事会の同盟が結成されました。しかし、十四・十五世紀に漸次拡大されたこの同盟は、教皇やその支持を受けたトリーア大司教の財政的圧力に抵抗するために結成されたものでした。一四五二年になると同盟には、コブレンツの聖堂参事会だけでなく、ミュンスターマイフェルト、リンブルク、ヴァイルブルク、オーバーヴェーゼル間の都市聖堂参事会と地方聖堂参事会までもが加わるようになりました。さらに、一四九八年の大同盟は制度化へのさらなる一歩をもたらしました。ザンクト・カストール聖堂参事会において、一定の会費によって担われた共同金庫が設立されました。そして、四人の代表員が金庫を共同で管理し、彼らによって訴追、課税の阻止と教会の自由・特権・慣習の維持が決定されました。さらに彼らは裁判において、法律顧問官として聖堂参事会を代表しました。協定を守らない人間は二〇ラインググルデン[35]を支払い、同盟から除名されることになりました。

しかし、このような印象深い聖堂参事会の相互同盟も、とりわけ大司教の「人事政策」を通じて、マインツと同様の運命をたどりました。すなわち、党派形成と離反という激しい内部抗争が生じたのです。大司教が尋常ではない額の援助金を要求し、聖堂参事会の裁判権を制限したとき、聖堂参事会と都市は大司教に対し反乱を起こしました。それに対し、大司教は聖堂参事会に経済的圧力をかけ、聖職禄収入を没収し、聖堂参事会員への給金を禁止しました。さらに、大司教はすべての聖堂参事会員の名前を一度にすべてあげるのではなく、何度も個別に名前をあげて破門を宣告し、それによって反乱を切り崩そうとしたのです。また、この大司教と聖堂参事会の紛争は、コブレンツの聖堂参事会員の相続財産をめぐる都市と聖堂参事会の対立と結びついてしまいました。この件において、都市参事会は経済的な不買運動や市民権の剝奪という脅迫によって、聖堂参事会に圧力をかけました。それに対し、聖堂参事会員は都市を退去し、ケルンで訴訟を起こしました。そして、彼らは都市参事会に対抗するために、コブレンツの同職組合員を味方につけようとしました。その結果、都市参事会は大司教に支援を求めることになったのです。

教皇庁と教皇特使の介入と彼らによるプロパガンダに加え、このようなさまざまな党派の利害や都市側の圧力が、これまで一致団結していた聖堂参事会員集団を解体してしまいました。しかしながら、十五世紀末においてコブレンツの聖堂参事会が、大司教・皇帝・教皇の要求に対する抵抗運動の中心となったのは事実です。さらに、課税要求に対する彼らの抵抗という側面に注目すれば、聖堂参事会の同盟は十六世紀の領邦等族[36]と同様の特徴をもっていたのです。

## 都市と聖堂参事会の出会い

ボッパルト、オーバーヴェーゼル、ザンクト・ゴアール、ミュンスターマイフェルトのようなコブレンツよりさらに小規模な都市の聖堂参事会は、コブレンツの聖堂参事会以上に、「都市共同体と聖堂参事会共同体の出会いの場[37]」という性格を強くもっていました。

ミュンスターマイフェルトにおいて、人々は交渉のために、聖堂参事会と墓地で会合をおこないました。ボッパルトにおいて、都市の金庫はザンクト・ゼヴェルス聖堂参事会の塔内におかれ、その教会には他の場所と同じように、ボッパルト市民の息子たちのために祭壇がつくられました。また、ここでの建築物維持負担義務は、オーバーヴェーゼルと同様に都市と聖堂参事会のあいだで分担されました。また、兄弟団、死者追悼、共同ミサは、聖堂参事会員・下級貴族・市民を統合する役割を担っていました。さらに、これらの都市の小規模な聖堂参事会は、都市社会および地域の下級貴族と強く結びついていました。しかも、マインツはもちろん、都市外の政治の影響を強く受けざるをえなかった中型都市コブレンツの聖堂参事会とも異なり、小規模な都市においては調和が保たれていました。フエルディナント・パウリーは、ボッパルトにおける特筆すべき聖職者と市民の協力関係について述べています[38]。しかしながら、小都市においても、聖職者の身分法をめぐる紛争が存在していたことを忘れてはなりません。

聖堂参事会の社会的構成、所領構造、荘園経営、または都市の発展、とりわけ小都市の発展における聖堂参事会の意義、領主の官吏・大学教授への給与支給における聖堂参事会の役割、さらには聖堂参事会の宗教的生活、儀礼、礼拝設備、および市民や都市周辺の司牧の問題など、これまで研究されてきた都市史の多くの側面を、私はここで十分に言及することができませんでした。しかし、私はここでモーラフがとくに関心をもったテーマに関連する諸研究を紹介できたので、満足しています。そして、私は教会と社会に関心をもっている人々に対し、以下のことを十分に示すことができたと願っています。いかに「聖堂参事会は都市共同体と聖堂参事会共同体の出会いの場[39]」であったのか、そして「どの程度、聖堂参事会の歴史は同時に都市の歴史であったのか[40]」ということを。

訳註

**1** 八一六年にアーヘン教会会議で定められた聖堂参事会員への戒律のこと。この戒律により、聖堂参事会員は共住生活の実践と財産の放棄が義務づけられたが、終身の財産利用権は保証されることになった。

**2** 六世紀にヌルシアのベネディクトが定めた戒律。無所有・純潔・服従といった修道士の守るべき基本的義務を規定して、西欧修道制の確立に重要な役割を果たした。

**3** 十一世紀の教会改革運動を通じて、私有財産の放棄と共住生活の復活を志向した聖堂参事会のうち、アウグスティヌス戒律を採用した律修参事会のこと。

**4** Peter Moraw, "Über Typologie, Chronologie und Geographie der Stiftskirche im deutschen Mittelalter," in: Max-Planck-Institut für Geschichte (Hg.), *Untersuchungen zu Kloster und Stift*, Göttingen 1980, pp.9–37.

**5** Germania Sacra. ドイツ教会史史料の包括的研究・分析を目的とするプロジェクト。ドイツの司教座ごとに詳細な史料集を刊行している。

6 Helvetia Sacra. スイス教会史研究の集大成ともいえるハンドブック。一九七二年、Schwabe 社から第一巻第一部が刊行された。

7 Sönke Lorenz, *Die Stiftskirche in Südwestdeutschland. Aufgaben und Perspektiven der Forschung*, Leinfelden/Echterdingen 2003.

8 Odilo Engels, *Klöster und Stifte von der Merowingerzeit bis um 1200*, Bonn 2006; Gerold Bönnen und Frank G. Hirschmann, *Klöster und Stifte von um 1200 bis zur Reformation*, Bonn 2006.

9 Bernd Schneidmüller, "Verfassung und Güterordnung weltlicher Stifte im Hochmittelalter," *Zeitschrift der Savigny-Stiftung für Rechtsgeschichte*, 103, *Kanonische Abteilung*, 72 (1986), pp.115–151.

10 Guy P. Marchal, "Das Stadtstift. Einige Überlegungen zu einem kirchengeschichtlichen Aspekt der vergleichenden Städtegeschichte," *Zeitschrift für Historische Forschung*, 9 (1982), pp.461–473.

11 Michael Borgolte, "Stiftungen des Mittelalters im Spannungsfeld von Herrschaft und Genossenschaft," in: Dieter Geuenich und Otto Gerhard Oexle (Hg.), *Memoria in der Gesellschaft des Mittelalters*, Göttingen 1994, pp.267–285.

12 霊魂の救済への配慮を目的とした定期的な祈禱。

13 Oliver Auge, *Stiftsbiographien. Die Kleriker des Stuttgarter Heilig-Kreuz-Stifts (1250–1552)*, Leinfelden/Echterdingen 2002.

14 司牧の義務のない聖職禄のこと。

15 カロリング朝全盛期の八世紀末から九世紀前半に、修道院改革を実行した人物。彼によって整備体系化されたベネディクト戒律は、八一七年のアーヘン勅令で公認された。前年に発布されたアーヘン戒律とともに、これによって修道士と聖堂参事会員の区別が、形式上明確になった。

16 グレゴリウス改革と呼ばれる教会改革運動を推進し、教皇権の強化に貢献した。とくに聖職者の叙任権をめぐって、皇帝ハインリヒ四世と対立し、叙任権闘争を引き起こした。

17 フランス国境に近いドイツ西部のアイフェルに、八世紀に建設された修道院。カロリング家の修道院として特別の庇護を受けたため、中世において莫大な所領を有していた。

18 フランス国境に近いドイツ西南部に、八世紀に建設された修道院。上ロレーヌ地方に、多くの所領を保持していた。

19 ラーン川中流域の伯コンラートを始祖とするコンラート家のこと。九一一年、東フランク王国においてカロリング家の血統が断絶すると、一族のコンラート一世が東フランク王に選出された。

20 二世紀に建設されたローマ時代の城門で、現在もトリーア市内に残っている。

21 Irene Crusius, "Das weltliche Kollegiatstift als Schwerpunkt innerhalb der Germania Sacra," *Blätter für deutsche Landesgeschichte*, 120 (1984), pp.241–253.

22 Gerold Bönnen (Hg.), *Geschichte der Stadt Worms*, Stuttgart 2005.

23 一九六〇年代にライン流域の都市研究を通じて、都市形成における家人の役割を重視し、伝統的な都市解釈モデルを批判した。

24 ドイツ・イタリア国制史、都市史、社会史、教会史などで幅広く活躍しているが、とくに近年ではユダヤ人研究において大きな成果をあげている。

25 国王・諸侯・教会への奉仕者としての役割を期待された不自由従属民。宮廷官職を保有し、また都市においては官吏として登用された。とくにその軍事的貢献が顕著になると、彼らはしだいに政治的影響力を上昇させていった。

26 カトリック教会において信徒を信者共同体、または教会そのものから排除すること。

27 秘跡やミサなど、あらゆる教会職務の執行を聖職者に禁止すること。

28 マインツに関しては、Dieter Demandt, *Stadtherrschaft und Stadtfreiheit im Spannungsfeld von Geistlichkeit und Bürgerschaft in Mainz (11.–15. Jahrhundert)*, Wiesbaden 1977; Michael Hollmann, *Das Mainzer Domkapitel im späten Mittelalter (1306–1476)*, Mainz 1990 を参照せよ。

29 マインツ大司教(在任一一五三〜六〇)。都市の家人出自とされている。大司教即位当初より都市の聖職者・家人・市民らと激しく対立し、一一六〇年の都市反乱で暗殺された。

30 トリーア大司教(在任一三〇七〜五四)・マインツ代行大司教(一三二八〜三七)。十四世紀初期の帝国における最大の政治的実力者。国王ルートヴィヒ四世と司教座聖堂参事会の支持のもと、マインツ大司教区を管轄した。

31 マインツ大司教(在任一三二八〜四六)。教皇ヨハネス二十二世の支持を受けて即位したが、国王派のバルドゥインに対して劣勢であった。

32 帝国追放刑のこと。この刑を宣告されたものは帝国内においてあらゆる権利を失い、法の保護外におかれることになった。

33 バイエルンのヴィッテルスバッハ家出身。アヴィニョン教皇ヨハネス二十二世と激しく対立した。

34 Bernd Goldmann, *St. Kastor in Koblenz. Untersuchungen zur Verfassungs- und Sozialgeschichte eines mittelalterlichen Stifts*, Mainz 1999.

35 十四世紀にドイツにおいてフローリン金貨を模範にして鋳造され、使用された硬貨。

36 主に課税承認をめぐる領邦議会への参加を通じて、統合された領邦内有力者層の身分。領邦君主に対して領邦を代表し、法的身分団体を形成した。

37 Monika Escher-Apsner, *Stadt und Stift. Studien zur Geschichte Münstermaifelds im hohen und späteren Mittelalter*, Trier 2004.

38 Ferdinand Pauly, *Die Stifte St. Severus in Boppard, St. Goar in St. Goar, Liebfrauen in Oberwesel, St. Martin in Oberwesel*, Berlin/New York 1980.

39 Escher-Apsner, *Stadt und Stift*.

40 Goldmann, *St. Kastor in Koblenz*.

小山寛之 訳

# アヴィニョン教皇庁の実像

## 聖職禄授与政策とその影響

### アヴィニョン教皇庁の始まり

教皇ボニファティウス八世（在位一二九四〜一三〇三）は、カトリック教会内での教皇権の優位をそれまでにないほど主張しましたが、彼の没後、ガエターニ家[1]（ボニファティウス八世の家門）とオルシーニ家[2]（ボニファティウス八世の支持者）の党派と、それに対抗するコロンナ家[3]の党派の対立が教皇領内と枢機卿団の内部で先鋭化します。その対立は、八カ月しか在位しなかったベネディクトゥス十一世（在位一三〇三〜〇四）の治世を超えて続き、対立する両党派が一致してボルドー大司教ベルトラン・ド・ゴ[4]を教皇に選出するまで、十一カ月のあいだ、続きました。彼は教皇選出を受諾しましたが、不穏な状況のローマには旅せず、リヨンで教皇クレメンス五世（在位一三〇五〜一四）として戴冠します。

クレメンス五世はあえてローマに行かず、彼の大司教座のあるボルドーとローヌ川のあいだを行き来し、一三〇九年三月にアヴィニョンに定住することになります。クレメンス五世は支柱となる枢機卿団をつくるために、まもなく一〇人の枢機卿を新たに任命します。そのほとんどは同郷のガスコーニュ人か、または彼の甥でした。新しい枢機卿のうち三人のみがロワール川以北のフランス出身であり、一人がイングランド出身で、そのなかには、長く枢機卿団を支配してきたイタリア人は一人もいませんでした。またドイツ出身の者もいませんでした。彼は統治のために新しい教皇庁をつくりましたが、ほとんどの教皇庁役人はローマにいたので、ここでは南フランス人が支配するようになります。しかし、アヴィニョンが決定的に新しい教皇庁の場所となったのは、彼の後継者であるヨハネス二十二世（在位一三一六〜三四）、ベネディクトゥス十二世（在位一三三四〜四二）、クレメンス六世（在位一三四二〜五二）の時代でした。

一三一四年にクレメンス五世が亡くなったのち、枢機卿ナポレオーネ・オルシーニ[5]の努力で、すでに七十二歳だったジャック・デュエーズ[6]（ナポリ王アンジューのロベール〈在位一三〇九

〜四三)の書記局長だった人物、このときアヴィニョン司教)が教皇に選出されます。イタリアの状況は不安定だったので、彼はリヨンで戴冠したのち、アヴィニョンの古い司教館に移ります。

アヴィニョンはローマに対して、いくつか利点をもっていました。アヴィニョンの位置は政治的にみれば、名目的には神聖ローマ帝国に属していましたが、フランスの国境にじかに接しており、過去にしばしば教皇が逃げ込んだ場所でした。大多数のカトリック信徒にとり地理的にはローマよりも近く、街道の交差する場所でローヌ渓谷沿いに南に通じ、また有名な橋(サン・ベネゼ橋)を越えればスペインからイタリアに行くこともできました。とくにここには、数世紀にわたり教皇庁や教皇領内で対立していた貴族家門がいませんでした。近くにはヴネッサン伯領があり、それは一二二九年に教皇庁によって獲得されましたが、クレメンス六世はそこに教皇の夏の離宮を建設しました。そして教皇庁は、一三四八年には都市アヴィニョンも獲得し、この地域の小さな「教皇領」を整備することになります。教皇庁研究の権威ベルンハルト・シンメルペニヒ[7]が定式化したように、教皇庁は「一定の地域に根ざした効率的な行政機構」を創出し、ひとつの確固とした中心から教会を統治する好機を獲得したのです。

ところでヨハネス二十二世は、数十年にわたる政治や行政の経験があり老年ながらエネ

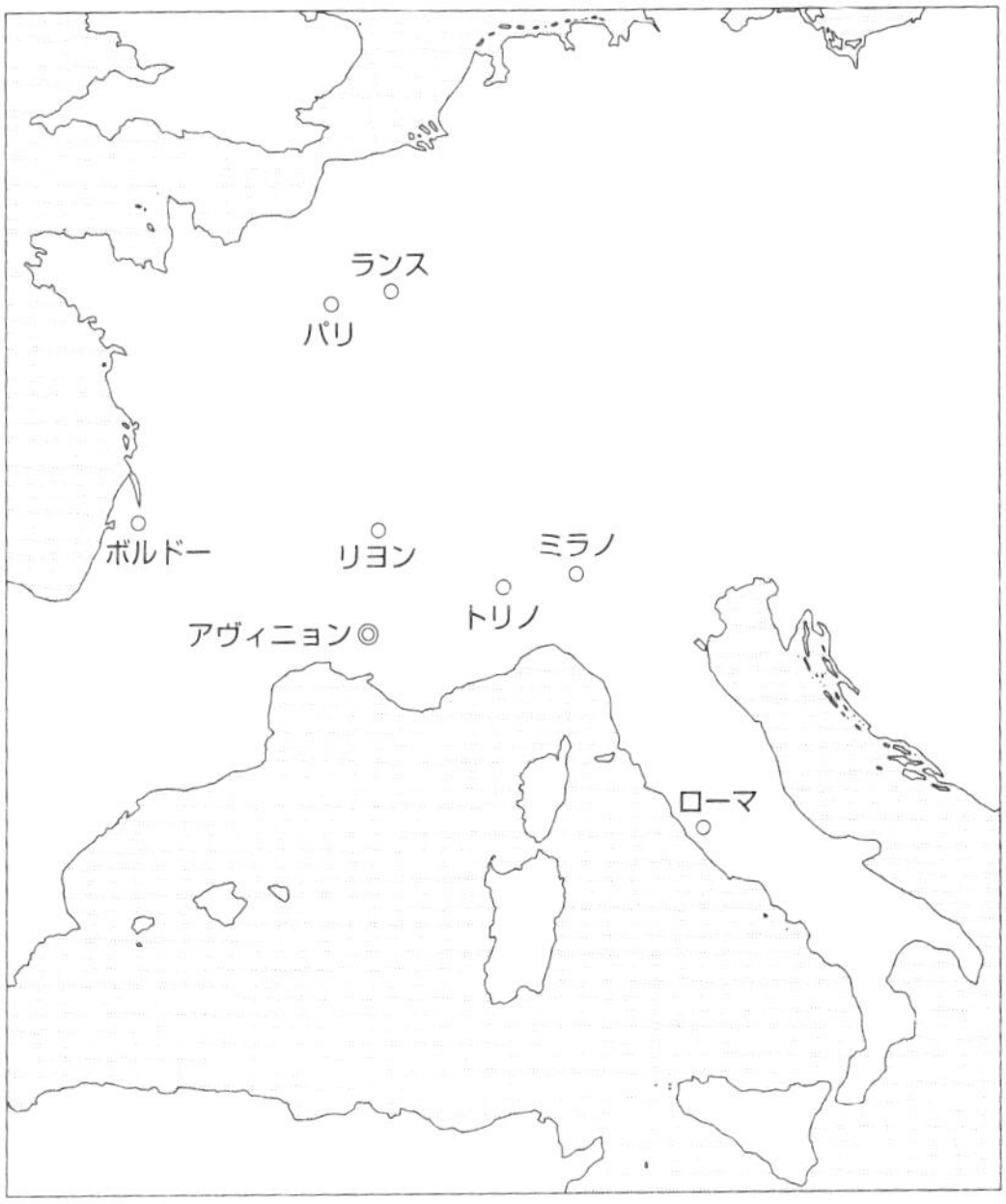


アヴィニョンの位置

アヴィニョン教皇一覧

| 教皇名(俗名) | 在位年 |
|---|---|
| クレメンス５世(ベルトラン・ド・ゴ) | 1305–14年 |
| ヨハネス22世(ジャック・デュエーズ) | 1316–34年 |
| ベネディクトゥス12世(ジャック・フルニエ) | 1334–42年 |
| クレメンス６世(ピエール・ロジェ) | 1342–52年 |
| インノケンティウス６世(エチエンヌ・オベール) | 1352–62年 |
| ウルバヌス５世(ギヨーム・グリモアルド) | 1362–70年 |
| グレゴリウス11世(ピエール・ロジェ・ド・ボーフォール) | 1371–78年 |

アヴィニョン教皇庁の教皇宮殿

ルギッシュで、教皇庁の行政機構の整備をひたむきに実行しました。彼は弱気なクレメンス五世よりも大きな政治的な野心をもっていたので、すぐに教皇の政治的な活動範囲をイタリアで拡大し、ミラノのヴィスコンティ家[8]や教皇領内の反乱する諸都市と戦い、さらにナポリ王アンジューのロベールとも戦いました。ヨハネス二十二世はその際外交的な手段を用いただけでなく、枢機卿使節の指導のもとで教皇の軍隊も投入しました。そのために彼は、多額の金銭を必要としたので、教皇庁の行政機構の整備、とくに財務に関する行政機構の整備をおこなったのです。

G. Magi, *Tout Avignon*, Firenze 1993, 7.

## 聖職禄留保権と教皇による教会支配

教皇が全教会を支配することの法学的な根拠は、十二・十三世紀に教会法が整備されるとともに確立されました。その後、ボニファティウス八世が教皇の至高権[9]を教会法的および神学的に根拠づけ、それまでにない理論的な定式化をおこないました。そこで明確にされた教皇の大権は、教皇による教会会議の開催、命令の伝達や特権の授与、教皇の委任権を付与された教皇使節の派遣などにとどまりませんでした。教皇は自身の至高権に基づき、できる限り多くの在地教会の官職を自身で任命しようとしました。この教皇の政策はアレクサンデル三世(在位一一五九〜八一)のもとで始まり、十三世紀以降に規則化し、アヴィニョン教皇庁において完成します。そのための中心的な手段がいわゆる留保権です。すなわち特別留保によって、一定の聖職禄がそのときに限り、教皇に留保されました。[10]また一般留保により、すべての空位の聖職禄が原則的に教皇に留保されました。[11]

クレメンス四世(在位一二六五〜六八)は一二六五年に、在職者が教皇庁で亡くなり空位になった全官職について、その新任者の任命権を教皇に留保する布告を出しました。さらにボニファティウス八世は、「教皇庁で亡くなり空位になった」というこのカテゴリーを「教

枢機卿会議を主宰するボニファティウス８世

皇庁から二日の旅程の場所で亡くなる」というところまで範囲を広げました。[12]この留保は当初、俗人の保護権に服さない下級の聖職禄にのみ適用されましたが、クレメンス五世が一三〇五年に、「教皇庁で空位になる」という概念をさらに拡大して、教皇庁で叙階された全司教、および教皇庁で司教位の移転、放棄、交換がなされた全司教にも適用します。

さらにヨハネス二十二世は、一三一六年に、枢機卿、枢機卿使節、その他のほとんどすべての教皇庁役人の聖職禄を自身に留保することを定めます。また、当時批判にさらされていた聖職禄兼任[13]の問題が、彼の権力増大に利用されました。すなわちヨハネス二十二世は、一三一七年に、司牧の義務をともなうひとつ



*Boniface VIII. Un pape hérétique?*, 240–241.

クレメンス５世の戴冠式

ベネディクトゥス12世

上・下：D. Paladilhe, *Les papes en Avignon*, Paris 1974, 172–173.

の聖職禄のみが一人の聖職者に託されることを決め、聖職者はふたつ以上の聖職禄は所有できないものとします。そしてひとつ以外の聖職禄はすべて放棄しなければならず、さらに放棄された聖職禄は、教皇が自由にできるものとしていました。

さらにベネディクトゥス十二世は、それまでの留保に関する全規則を一三三五年に公布した彼の教皇令「アド・レギメン」でまとめ、クレメンス六世とインノケンティウス六世（在位一三五二〜六二）もこの教皇令を変更することなく受け入れました。またウルバヌス五世（在位一三六二〜七〇）は一三六三年に、すべての総大司教座、大司教座、司教座、男子修道院、女子修道院で、その長の職が空位になれば、教皇がその任命権を自身に留保できるものとしています。

### 収入源の増加

教皇の留保権による聖職禄授与のうち、枢密会議、すなわち枢機卿と高位の教皇庁役人からなる会議で授与された高位聖職禄には、その受給者に、ただちに共通奉仕税と小奉仕税[14]の支払いが義務づけられました。小奉仕税が少額だったのに対して、共通奉仕税は、授与された聖職禄の年収の三分の一にのぼり、その額は、教皇から委託された者により査定されました。例えば、ルーアン大司教の共通奉仕税は三万フローリンでした。そして共通奉仕税の半分は教皇に、半分は枢機卿団の収入になり、小奉仕税は教皇庁の役人に与えられました。

さらに、クレメンス五世は一三〇六年に、初年度納付税[15](最初の年の収入)を、イングランド、スコットランド、アイルランドにおける、その時点で空位の、あるいは今後空位になるだろう聖職禄に課することを決めています。ヨハネス二十二世も、イングランド議会が激しく抗議したにもかかわらず、ヨーロッパ各地に何度も初年度納付税の要求を通達しました。彼は一三二六年以降、在職者が教皇庁滞在中に亡くなり空位になった二四フローリン以上の収入のある全聖職禄について、新任者に初年度納付税を要求しています。その額は、課税台帳で額が定められた奉仕税とは違って変動し、アヴィニョン教皇庁の時期には、全収入の半分にまでのぼりましたが、初年度納付税はすべて教皇の金庫の収入となりました。

またアヴィニョンの教皇はウルバヌス五世の時代までに、すべての枢機卿と教皇庁役人の遺産、さらにまた、司教、大修道院長、小修道院長、助祭、教区の主任司祭の遺産を留保し、また、教皇に留保された聖職禄の空位期間の収入も自身に留保しました。また教皇は、饗応税(司教かその代理者が司教区を巡察する際に在地の聖職者から徴収する税)も各司教区から要求し、実際に教皇の巡察がおこなわれなくても支払いを求めました。

一方でアヴィニョンの教皇は、他の収入では、それ以前よりも大きな損失をこうむってもいます。例えば十字軍の十分の一税[16]は、もともとは聖職者に対して収入の五%を課税するもので、十三世紀には額が収入の一〇%になりましたが、それは異教徒との戦いのみならず、ヨーロッパ内の「教会の敵」に対する戦いでも求められるようになりました。そして十四世紀にはそれは、もっぱら世俗の支配者が、「教会の敵」と戦うという理由で徴収する税になったのです。また教皇は、シチリア王やイングランド王(ジョン欠地王以来)といった世俗の支配者から封建的な貢租を得ていましたが、それは、イングランド王が一三六五年に支払いを完全にやめる以前から不規則にしか支払われていませんでした。さらに教皇領からアヴィニョン教皇庁にもたらされる資金も、とくにヨハネス二十二世のもとでのイタリア政策に費用がかかったので、ほんのわずかでした。

ヨハネス二十二世は、臨時献金でその隙間を埋めようとしました。これは、その名前が示唆するように、もともと自発的な贈与だったのが、高額に設定された義務的貢租となったものです。それは通常、個別の地域で一定の目的のために通達されました。ヨハネス二十二世は、「イタリアの異端者や反乱者」に対する戦いのために告示した臨時献金で、フランスの司教区だけで二万フローリンを超える額の収入を得ていますが、それはこの時代において、教皇庁の平均年収に等しいものでした。

## 行政機構と文書

当初アヴィニョン教皇庁の行政機構は、都市内の賃貸された家々に分かれていましたが、それらはベネディクトゥス十二世以降、彼が建てた大きな教皇宮殿に収容されました。教皇はここに住み、枢密会議を開催し、官職や聖職禄の授与について決定したのみならず、教皇庁の政策も決定していました。教皇のもっとも重要な助言者である侍従長と財務官が、教皇のそばに住んでいましたが、彼らは最初ベネディクトゥス自身の住居である塔に住み、そのあとは宮殿入り口の翌廊に住みました。彼らは狭い意味での財務行政にかかわったのみならず、収入と支出についての記帳を管理し、教皇の重要な政治書簡を作成しています。

文書局は一般的に通常文書[17]の作成にかかわりましたが、文書局には聖職禄授与の業務も属していました。そして聖職禄授与については、何よりも文書局で作成された請願の記録簿、あるいはまた、会計院で作成された会計文書の記録簿[18]から知ることができますが、それらは教皇の在地教会への介入を正確に知るための重要な史料となっています。請願の記録簿には、聖職禄の請願が記録されていますが、それは一三四二年からのものが残されており、また欠落した部分もあります。また残存している巻も、すべての請願を含んでいるわけではありません。とくに、認可されなかった請願と貧しい聖職者の請願は、一般的に記録されなかったので、どれほどの数の請願が拒否されたかを確認することはできません。また、聖職禄授与に関して会計院で作成された文書のなかでは、「義務と支払いの書」[19]と名づけられた巻が重要です。そのなかに、高位聖職禄の奉仕税の額と、またそれらの支払いが記載されています。

　総じて、ここで描いた簡単なスケッチが示すように、アヴィニョン教皇庁は壮大な行政的・司法的な制度を構築し、それにより教会を以前より効率的に統治することができるようになったといえます。しかしアヴィニョン教皇庁は、教皇庁の歴史で考えられうる限り、もっとも悪しき評価を受けてきました。その司法化、中央集権化、ネポティスム（縁故主義）、聖職売買、財政主義が批判されてきましたが、それらは行政機構の整備、聖職授与の体系化、税の徴収の効率化にともなう影の部分でもあります。そしてそれは、とくにクレメンス五世やクレメンス六世のような人物の生活様式に対する道徳的な断罪とも結びついていました。

## アヴィニョン教皇庁への評価

すでに早い時期からアヴィニョン教皇庁全体を否定的に評価したのは、ドイツ人とイタリア人でした。一方その当時も今日も、擁護してきたのはとくにフランス人です。ドイツ人のあいだでは、腐敗した教皇庁による教会の搾取に対して、宗教的・道徳的な憤懣《ふんまん》が宗教改革期に先鋭化しましたが、それと同時に、教皇がドイツの政治に介入することへの憤りがずっと彼らを支配しつづけていました。ドイツでは、アヴィニョン教皇庁が皇帝ルートヴィヒ四世(在位一三一四〜四七)に対してみせた容赦のない態度が、十三世紀の教皇権とシュタウフェン朝との戦いの延長とみなされました。ですから、クレメンス六世およびインノケンティウス六世と同盟することで支配権を獲得したカール四世(在位一三四七〜七八)は、「坊主の王」として軽蔑されたのです。またその感情は、現実の皇帝と教皇の対立に根ざしたものというより、アヴィニョンの教皇たちがフランスを一方的に優遇したことから生じた敵愾心《てきがいしん》によるものともいえます。実際アヴィニョン教皇庁では、多くの枢機卿の出身地がフランスで、収入の大半もそこから由来したので、フランスへの心情的な従属がありました。

一方イタリア人は、教皇庁がテベレ川沿いでなくローヌ川沿いにあることを「教会のバビロン捕囚」と批判しました。そしてとくに、ヨハネス二十二世とインノケンティウス六世が政治的かつ軍事的な手段で、イタリアの状況を自己の利益のために変えようとしたことを外部からの攻撃として批判しました。イタリアやローマが冷遇されているというイタリア人の「国民的」な憤懣は、彼らが教皇庁での影響力と聖職禄を失い、ローマにくる巡礼や聖職禄志願者からの利益を失うことで先鋭化しました。

このような多くの同時代の批判に共通するのは、道徳的な批判と政治的な批判が結びついていたことですが、その点では、近代のカトリックとプロテスタント双方の歴史家も一致していました。そのことを、プロテスタントの教会史家で中世後期の教皇庁についての識者であったヨハネス・ハラーが、「断罪の厳しさにおいてのみ相違があり、「罪がある」ということでは同じ意見であった」と述べていますが[20]、この見解は今日でも通用するものです。

またイングランド人とドイツ人は、彼らの国がとくに搾取され、教皇庁で利益を得るチャンスがないという思いで一致していました。実際この二つの民族を代表する者は、教皇

教皇選出時のヨハネス22世(中央)

*Les papes en Avignon*, 172-173.

庁ではほとんどいなかったのです。ただ、教皇庁批判がイングランドの議会などで声高になされるようになったにもかかわらず、教皇側からの財政的な搾取は許容範囲内であったといえます。すでに以前から、教皇庁収入の半分以上はフランスからもたらされ、イングランドとドイツからくる収入はごく一部でした。フランスでは教皇庁の徴税人の制度がとくによく整備されており、臨時献金も大きな額にのぼっていたので、ここでは、国王と教皇が自分たちの利害のために同盟を結び、地域教会を搾取していました。あるサン・ドニ修道院の年代記作者はこのことを、「一方が羊の毛を刈り、他方が羊から毛皮を剝ぐ」と述べています。さらにフランスでは、皮肉なことに、十字軍の十分の一税が遠くにいる教皇ではなく国王の収入となっていたのです。イングランドでもエドワード二世(在位一三〇七～二七)は、教皇の名前で徴収された十字軍の十分の一税について、その約九二%を、恒常的に負債をかかえた国庫に入れることができました。十字軍の十分の一税は、W・A・パンティン[21]が鋭く指摘したように、「教皇に悪評を与えつつ国王が金を儲けた便利な手段」であったのです。

自明なことですがフランス人の研究者は、教皇庁の「フランス時代」の成果を強調し、正当化しようとしています。例えば、ギヨーム・モラの著作[22](今日でも凌駕されない定評あるアヴィニョン教皇庁の研究)でそうだといえます。彼は、数十年史料に取り組んだ、史料の優れた精通者であり、またアヴィニョンの教皇の『教皇列伝[23]』や、ヨハネス二十二世とベネディクトゥス十二世の記録簿の編纂者として有名です。彼自身は、アヴィニョン教皇庁を弁護するのではなく、その歴史を「詳細に文書館の史料に従って」描くと主張しましたが、じつは、その背後には自身の立場がありました。彼の研究には、護教的な性格がよくみてとれるのです。つまり、あまりかんばしくない事柄、例えば聖職禄政策やネポティスムの問題はほとんど言及されず、アヴィニョン教皇庁の財政主義については、教皇のローマ帰還のためには、費用のかかるイタリア政策を遂行する必要があったという理由で弁護されました。

しかしまた、フランス人以外でもアヴィニョン教皇庁の成果を擁護する研究者もいます。例えばジェフリ・バラクラフは、自身の初期の研究で、アヴィニョン教皇庁の聖職禄授与政策を高く評価しました。バラクラフはやや挑発的に、「教皇の聖職禄授与権に帰される害悪は誇張されてきた」と述べ、それが、地域権力による官職授与のような古い問題ある制度とは対照的に、厳格かつ公平で、法に従った教皇庁の制度であるとしました。つまりそこには恣《し》意《い》性のはいる余地がなく、腐敗や乱用に対して効果的な配慮ができるものとみなしたのです[24]。このように彼は、アヴィニョン教皇庁を再評価しましたが、三〇年後の研究ではより懐疑的になっており、教皇庁の法的・行政的機構の完成が、霊的・聖職者的な指導的地位の高揚とは相容れないものだとしました。そして、ヨハネス二十二世が達成した教皇庁の統治の効率性が、クレメンス五世の無能さ以上に、教皇庁に不信感をもたらしたと述べ、アヴィニョン教皇庁への評価を大きく変えています[25]。

### 教皇の聖職禄授与政策

ところで、アヴィニョン教皇庁の行為能力を正確に知るために、どのような方法があるのでしょうか。私は方法論上、ふたつの可能性があると思います。ひとつは、聖職禄の授与政策をより正確に比較検討してみることです。つまり、聖職禄授与政策により教皇の干渉は増加したのか、また干渉があったとすれば、どの程度それが生じたかを調査することです。また、もうひとつは、政治的な判断を考察することです。教皇庁とフランス王国の利害関係が、どのように調整されたか、また、アヴィニョンとパリの利害が衝突するような政治的な案件がどのように妥協されたのかについて検討することです。

まず聖職禄授与政策について、ドイツとフランスの例を取り上げてみましょう。ドイツについてですが、アルベルト・ハウクの古典的著作『ドイツ教会史』に目をとおしてみると、教皇ヨハネス二十二世は、「教皇庁においてドイツの司教の任命権をほぼ完全に意のままにしていた」と書かれています。また、教皇の聖職禄留保権と聖職禄授与権は、「ヨハネス二十二世の治世ほど乱用された時代はなかった」とされ、ルートヴィヒ四世との抗争が始まってからは、「(ドイツの司教位の)すべてがヨハネスにより左右されることになった」といわれています[26]。

フランスについてはルイ・カイエ[27]によって、ヨハネス二十二世の政策がほぼ完全に調査されました。カイエによると、フランスの大部分の司教や有力な修道院長の任命権は、教皇の手に握られていました。司教や修道院長は、教皇庁と極めて密接に結びついており、彼ら高位聖職者の任命は、完全に教皇の言に左右されたとされます。カイエの結論は、それまでの一般的叙述や個別研究に基づいて導き出されていますが、それによると、ヨハネス二十二世はフランス王国の一二七の司教区において、じつに二三〇の司教任命のケースで、自身の聖職禄授与権を行使することができました。彼が、通常の聖堂参事会員による司教選挙を許したのは、わずか九件にとどまっています。

これはまるで、教皇庁が流れ作業のように、手軽に聖職禄を発行したかのようなイメージをもたらします。教皇は請願として提出された書類をただ批准したのであり、請願の内容を事実確認することなどしなかったかのようです。実際それは、正しい点もありますが、誇張しすぎてもいます。というのは、教皇による聖職禄の授与が現実になされたとき、虚偽の記載があとで明るみに出たりするからです。そうした際には、教皇庁の矛盾文書裁判所[28]で、異議を唱える者本人かその代理人が、聖職禄の授与に反対する申し立てをおこなうことができました。

問題は、次のようにいえます。つまり、教皇は聖職禄が請願されれば、それを機械的にばら撒くことができたのか、またその結果、彼が任命した高位聖職者でフランス全体を覆うことができ、ドイツでは、自身が任命した高位聖職者に反皇帝の立場をとらせることができたのか、ということです。ここではまず、私が信頼をおくエルトマン博士の研究[29]に従って、この問題について考えてみたいと思います。

エルトマンは、ドイツの司教座とベネディクト派修道院について、一二九五年から一三七八年の期間を対象にして完璧な調査をおこないました。彼はこの期間に、ドイツの司教区内で三八九件の空位を確認しています。そして、そのうちの二八〇件では正規の聖職禄授与権者、つまり聖堂参事会あるいは大司教が授与の権利を守ろうとし、二三二件ではそれに成功しています。つまり成功率は八〇％を超え、空位状況全体からみても、それは六〇％近くに達することになります。これに対して教皇は、空位全体の半分弱にあたる一八一件において教皇の聖職禄授与権による干渉を試みています。このうち一六二件で成功を収めているので、成功率はほぼ九〇％です。ただし、全体枠のなかでみると成功率は四二％にとどまっています。教皇は一二三件については、地元の被選出者を承認しています。

ウルバヌス五世期までは、教皇による聖職禄授与の件数は、正規の聖職禄授与権者による任命権行使の件数より多い傾向にあります。空位の全件数のうち、教皇庁と聖堂参事会とのあいだに紛争が生じたのは、一八％の事例だけです。紛争勃発の割合は一一％（クレメンス五世期）から二六％（クレメンス六世期）までの幅があります。しかし、教皇の聖職禄授与権が行使された場合だけでは、ヨハネス二十二世期の教皇による聖職禄授与の二回に一回、ベネディクトゥス十二世期の教皇による聖職禄授与の六〇％において紛争が生じていることがわかります。教皇の聖職禄授与の成功率は明らかに、国王・皇帝と教皇との関係が良好な際に上昇しました。他方、ルートヴィヒ四世との紛争が生じた一三二四〜四七年の時期には、教皇による叙任の機会は著しく落ち込んでいます。

以上の傾向が意味するのは、政治的紛争があれば、教皇が無理に自身の候補者を任命しても、紛争を長期化させてしまうだけだということです。また、すでにみたように、そもそも教皇が司教の任命行為に干渉しようとしたのは全件数の過半数に満たないので、平和時でさえ、教皇は聖職禄授与権という自らの権利による行為を、ドイツの司教座に対してほとんど行使できなかったといえます。以上から、先に述べたハウクの結論を否定することができるでしょう。

## 聖職禄を授与された人々

ところでこの時期に、教皇の聖職禄授与権でドイツの司教となったのは、どのような人々だったのでしょうか。それは、教皇の取巻きたちでしょうか。教皇庁の人間が、教皇の聖職禄授与権で司教位を獲得したのはわずか五二件にとどまっており、これは教皇の聖職禄授与全体のわずか二九％です。彼らのほとんどは皇帝ルートヴィヒ四世との抗争期を除き、活発に活動しました。また、司教になった者の元の肩書きが教皇庁の役人であっても、その何人かは当該の司教座の聖堂参事会員でもあったので、教皇庁の役人という肩書きの扱いは、慎重を期す必要があります。教皇の聖職禄授与権で任命された者のうち、少なくない割合の二六・五％が、前任の司教あるいは聖堂参事会員と親族関係にありました。統計資料から、次のようにいえます。つまり、ドイツの司教座に対しては、皇帝、諸侯あるいはその他の地縁的な縁故をもつ候補者が、「教皇の取巻き」よりもはるかに多かったということです。

次に、この問題をヨーロッパという枠で考察してみたいと思います。「義務と支払いの書」に見出せる三四八四件の司教一覧において、全リストの六三％もがフランスおよびイタリアの事項であることがわかります。ドイツはわずか七％、イベリア半島は一〇％です。これはフランスとイタリアの司教区の多さを反映しているわけですが、同時に教皇庁がどこに目を向けていたかを示しています。また、それぞれの教皇による聖職禄授与に関する費用の額をみれば、その全体でフランスが占める額は四四・八％に達しています。それに対してドイツは一二・三％、ブリテン諸島は一〇・七％です。またイタリアも一三％にとどまっています。概してイタリアの司教区は小規模であり、貧しくもありました。ここからドイツの状況とは違って、フランスでは司教位に就いた人間の多くが「教皇の取巻き」であったことが推察できます。

エルトマンの研究によれば、ドイツのベネディクト系修道院については、基になるデータの量が、司教座よりも少ないということはありますが、この傾向が司教においてよりも明白にあらわれます。一二九五〜一三七八年における帝国内の二一二の修道院において、総計一三〇八件の修道院長の交代がありました。このうちの八七％にあたる一一三九件では、史料上、教皇庁の干渉の痕跡はうかがえません。また教皇による聖職禄授与は、四二件成功しています。また四二件が「義務と支払いの書」のリスト中に見出せますが、どのようなかたちで教皇庁がかかわったのかは判然としません。つまり、神聖ローマ帝国内のベネディクト系修道院の院長が任命される際、そのうちわずか一三％しか教皇庁は関与できなかったわけです。四二件の教皇による聖職禄授与のうち、九件が二重選挙となり、その後の上訴により教皇庁に差し戻されました。また一四件は、前任者が教皇庁滞在時に死去したか、あるいは教皇庁で自らの職責を放棄した結果生じた交代です。つまり、すべての教皇による聖職禄授与の半数以上で、教皇庁は何らかの対応をしています。教皇により聖職禄を授与された者が、その前に修道院長に選出された者に対抗し追い落とした例は、たった二件しかありません。

　このような結果は、ドイツの司教座聖堂参事会や他の聖堂参事会を比較してみても確認できます。むろんこれらに関しては、基盤となるデータは通例、さらに不確かなものですが、確認できるのは、聖堂参事会ごとや時期によって、その数は変動していることです。全体として教皇の影響力は、極めて小さいものだったという印象を受けます。概して正規の聖職任命件数は高い数値を保ち、ウルバヌス五世やグレゴリウス十一世（在位一三七一～七八）といった教皇の時代でも、教皇側の者が空位となった職務を取得しえた例は三七～四五％にとどまっています。教皇に留保されていない参事会員職のうち、前任者の死去によって空位となったものの九割が教皇の期待権に基づき新任者が任命されたという説[30]（マイヤー）や、教皇に留保された聖職禄については教皇による聖職禄授与のすべてが成功を収めたという説[31]（シュヴァルツ）は、誇張しすぎであるのがわかるでしょう。場所による偏差や聖堂参事会ごとの相違もありますが、全体として、どの司教座でもつねに、候補者の採用に関しては教皇の権限はほとんどなかったといえます。

## フランスの状況――「教皇の取巻き」か「国王の取巻き」か

フランスについては、たしかに「教皇の取巻き」によるフランスの「植民地化」ともとれる状況がみられますが、そこからはたして、ヨハネス二十二世の聖職禄政策の実現という結論を引き出すことはできるのでしょうか。もちろん、そうはいえません。

なぜなら、たんに教皇による聖職禄授与の件数を数えるだけではなく、だれが任命されたかにも注意をはらわなくてはならないからです。ヨハネス二十二世により司教に任命された一七一人のうち、三三～三五人だけが「国王の取巻き」であることが明白です。これに加え、実質は「国王の取巻き」でも、教皇の聖職禄授与権により任命されたという理由で、「教皇の取巻き」に分類される多くの者たちが存在します。彼らもまた、「国王の取巻き」の側に加えるべきでしょう。

フランス北部では、全司教の半数以上にあたる五五人が国王により司教座を与えられ、国王の統治にも関与していたことが明らかです。ランス、サンス、ブールジュ、ルーアンの司教の任命権は、国王が掌握していました。教皇庁出身者が役職や聖職禄を獲得するために多くの機会をもっていた南フランスやスペインでも、国王の取巻きが司教位にすえられていました。例えば一三一六年にギヨーム・メサンは、パンプローナ司教に任命されましたが、その三カ月後にはトロワの司教座に転任させられています。パンプローナではその後、短い期間ですが連続して二人、国王の身近な助言者が司教に任命されました。

大司教座でも状況は同じです。長いあいだシャルル四世の腹心となったギヨーム・ド・フラヴクールは、一三一八年に王の後ろ盾により、収入の多いルーアン大司教に指名されました。教皇は政治的理由から彼の着任を拒否しましたが、ギヨームは一三一九年には、それほど貧しくはないローヌ川沿いのヴィヴィエ司教となり、その三年後にはより富裕なカルカソンヌ司教となり、さらにその一四年後には三万フローリンもの財産があったピレネーのオシュ司教になります。一三五七年にギヨームは再び、ルーアン大司教座へと移ります。

ギヨームのような存在としては、のちに教皇クレメンス六世となったピエール・ロジェ32がいます。彼は早くから国王の会計担当の協力者として、フランス国王の恩顧を享受していました。彼は大学での勉学を終了する前に、国王が教皇に求めた結果、マギステル（大学の教授免許を有する者）の地位を得ることができたほどでした。ロジェの聖職者としてのキャリアは、たいへん素晴しいものです。アラス司教やサンス大司教となり、一三三一年には早くもルーアン大司教となっています。このあいだ、ロジェは財政専門家あるいは外交官として、つねに国王の身近にいて、イングランド国王や教皇との駆引きで重要な役割を演じ、パリでも自らの王のために、大学、聖職者、民衆を巧みに操りました。このような状況は、司教よりも下位の役職者にもあてはまります。例えば、サン・ブリウクの司教になったある人物については、彼がランの聖堂参事会員、シャロンの管財官、サン・ブリウクの大助祭にいたるまで、つねに国王に奉仕しつづけていたことが文書から明らかになります。

このような人々は「教皇のお気に入りというよりも、国王のお気に入りとして地位や聖職禄を得た」ことが明らかです。国王にとっては、行政専門家や外交官といった部下たちに十分な金銭で報いるために、これこそが上品なやり方だったのです。聖堂参事会員の聖職禄は、「国王付きの聖職者」一般にとって基本財産でした。より高位の幹部は司教区や大司教区を要求したので、彼らのために国王が骨を折る様子を、われわれは見聞きすることができます。国王への奉仕と国王との近さは、たとえそれが任命証書で明確に述べられていなくとも、しばしばみてとることができます。例えば教皇が、ある司教に対して小教区教会をめぐる紛争の際に、恩知らずと非難した例があります。というのはこの司教が、教皇の聖職禄授与によって自らの地位を得ていたからです。しかし彼は数世代にわたり、国王に使えることで高い地位を占めてきた家門の出自でもありました。

明らかに教皇庁の側にいる人間でさえ、「国王側」としての別の側面をもつことがありました。例えばギヨーム・デ・エサールは一三一七年に、枢機卿付きの助任司祭として、ひとつの聖職禄を獲得しています。しかしこの枢機卿は、ほかならぬフィリップ四世(在位一二八五〜一三一四)の文書局長であり、かつギヨームは数世代にわたり国王財政を取り仕切る指導者を輩出する家系の出でした。ギヨーム自身、一三二三年には大助祭管区長からパリ司教に昇進しています。

### 教皇と国王の協力関係

非常に多くの例が提示するのは、教皇の聖職禄授与権による聖職者の任命が、教皇権の北フランスへの影響力の拡大を示すのではなく、大なり小なり、そこには国王と教皇の相互利益をめざす協力があった、ということです。すでにモラが述べているように、そこには暗黙の協約がありました。証書からもその点は、しばしばみてとれます。例えばヨハネス二十二世は、一三三三年にフランス国王に対して、彼が先頃六人の極めて忠実な王の家臣に、司教や大司教の地位を与えたこと、そして、もし文書局長がノワイヨン司教位を遠慮していなければ、その数は七人になっていただろう、と述べています。

明らかに国王にとっては、教皇庁と協力して、自らの家臣を望みの役職に就けてやることのほうが、正規の聖職禄授与権者を説得してその地位に就任させることよりも容易だったのです。そして枢機卿でさえ国王の意向で任命されたり、あるいは任命されなかったりしました。一三三一年にヨハネス二十二世は、フランス王妃への書簡のなかで、彼がなぜ王のすべての願いを聞き入れないかを、次のように釈明しています。「十分な数の枢機卿がいるのに、自身がもう一人任命しました。というのは、王がその人物に肩入れしたからです。だから、王の文書局長を枢機卿にするのはもう無理です」。二〇人の枢機卿のうち一七人がフランスの出自でした。他の諸王は数十年来、何とか一人でも枢機卿を送り出そうとしましたが無理でした。もはや数多くの枢機卿に、十分な収入を与えるなどということはほぼ不可能となっていました。他の諸王が望んでも、フランス人が多数を占める枢機卿団に割り込む機会は、当時ほとんどなかったのです。

ベネディクトゥス十二世期には、フランス宮廷の圧力がより明確なものになります。ただしそれは、教皇がフランス宮廷から離反する可能性もはらんでいました。フィリップ六世が一三三五年に、新たに選出された教皇ベネディクトゥス十二世に対して提示した要求の一覧が、ほんの偶然から残っています。その大部分は、個々の財産の記載ですが、とくに国王は、すべての聖堂参事会および司教座聖堂参事会について、ひとつの聖職禄とひとつの高位職を自身に留保し、すべての修道院に修道士や修道女を入れる権利を要求しています。国王が望んだのは家臣に聖職禄を与えることであり、これは教皇が教皇庁においておこなっていたのと同じことでした。司教位と大きな聖職禄は、フランスでは、基本的に王に忠実なフランス人にのみ授与されるもので、国王自身、六カ所の司教区をそれにふさわしい候補者のために留保しました。さらに国王は、彼が推薦する三名が枢機卿に任命されることを望みました。

他の政治局面においても、ベネディクトゥス十二世は独立した立場を示しています。ベネディクトゥスは、彼のフランス国内の聖職禄授与政策において、明らかに自身の利害のおよぶ範囲を明確にしようとしました。ベネディクトゥスにより任命された四九名の司教のうち、少なくとも二二名が教皇の取巻きであることがわかっており、六人が国王の取巻きでした。また二名は両者に対して良好な関係をもっていました。また前後のいずれの教皇とも異なり、ベネディクトゥスは登位の当初、枢機卿集団の欠員を補充していません。おそらく、国王の望む三名の家臣を招聘《しょうへい》するつもりがなかったのでしょう。百年戦争が勃発し、イングランド王が破門されている皇帝と同盟を結んだ一三三八年末になってはじめて、ベネディクトゥスはピエール・ロジェを枢機卿に任命し、それと同時に自らのもっとも近しい腹心四名を任命して共同でことにあたらせたのです。

クレメンス六世もまた独自のやり方をとったことがわかっています。彼は前任者がなしたような厳格な聖職禄授与政策と改革政策をただちに放棄したわけではありませんでした。だが彼はまもなく、フランスに肩入れする政策をとりました。これはクレメンスが、枢機卿に任命される前後に、国王の家臣として活動していたことの延長のように見受けられますが、それは、彼が義務からではなく、自らの意思でおこなったことでした。

## アヴィニョン教皇庁の意義

さて、これまでほんの少しふれたにすぎない三人の教皇の比較から、アヴィニョン教皇庁のような発展した政治システムでもまた、個人が重要であったことがわかります。具体的な政策の実行をみれば、聖職禄の留保と財政主義の発展は、西欧教会を征服する基本計画の一部ではなかったことが明らかだといえます。教皇庁は、遠隔地の教会にまでその配下の者を送り込み、金銭を搾り取ろうとする中央の機関ではなく、あるいはまた、聖職禄志願者や聖職禄推挙権の所有者が簡単に望みをかなえることのできる自動販売機のようなものでもありませんでした。そこでは、根本的な原則の闘争、すなわちルートヴィヒ四世と彼の時代の三人の教皇がおこなったようなものよりも、双方の利害にとって良い結果をもたらすような協力関係がまさっていました。

そして、このようなやり方で最善の成功を収めたのは、あらゆる点で教皇庁に近いフランスでした。北フランスではフランス国王が、彼の自由にできる聖職禄の数を増やす一方、南フランスでは、ヨハネス二十二世が司教区や聖堂参事会を新設することで聖職禄の数を著しく増やすことに成功し、それにより教皇は、自らの「家臣を世話する」ことができました。その結果、アヴィニョンの教皇庁は、その収入の半分以上をフランスから獲得し、またこの地方出身の教皇たちの同郷人(そこに含まれるのは聖職者だけではない)に大きなチャンスを与え、都市アヴィニョンやその周辺地域には、それまでもその後もなかったような経済的・文化的な興隆がもたらされたのです。

訳註

**1** 都市ピサの貴族家門。一門のベネデット・ガエターニが教皇ボニファティウス八世として一二九四年に教皇位に就くと、都市ローマにも進出し有力な家門となる。

**2** 中世の都市ローマの有力な貴族家門。一門から教皇ケレスティヌス三世(在位一一九一〜九八)、ニコラウス三世(在位一二七七〜八〇)を出す。

**3** 中世の都市ローマの有力な貴族家門。一門から教会大分裂を終了させた教皇マルティヌス五世(在位一四一七〜三一)を出す。オルシーニ家と抗争する。

**4** 南仏の有力家門であるゴ家の出自。長兄はリヨン大司教をへて枢機卿。彼自身はトゥールーズ大学で自由学芸を修めオルレアン大学で教会法とローマ法を修める。南仏の聖職を歴任してボルドー大司教となり、一三〇五年にベネディクトゥス十一世の後任として教皇に選出される。

**5** オルシーニ家の出自で、教皇ニコラウス三世の甥。枢機卿として教皇庁の政策決定で重要な役割を果たす。コロンナ家との戦いを指揮し、のちにフランスとの密接な関係を実現する。クレメンス五世とヨハネス二十二世の教皇選出で重要な役割を果たす。一三四二年没。

**6** 南仏のカオールの裕福な市民の出自。モンペリエ大学とオルレアン大学で法学を修めパリ大学で神学を学ぶ。ナポリ王アンジューのシャルルのもとで書記を務めたのち、シチリア王国の書記局長も務める。その後一三一〇年にアヴィニョン司教、一二年には枢機卿となり、一六年に教皇ヨハネス二十二世となる。

**7** ドイツにおける中世教皇庁研究の第一人者。アウクスブルク大学教授を務めた。以下の著作がある。Bernhard Schimmelpfennig, *Das Papsttum*, Darmstadt 1984; *Könige und Fürsten, Kaiser und Papst nach* *dem Wormser Konkordat*, München 1996; *Kirchenrecht und Zeremoniell. Ausgewählte Aufsätze*, Neuried 2005.

**8** 都市国家ミラノを支配した貴族家門。十四世紀末にミラノ公の称号を得る。一門からは教皇グレゴリウス十世(在位一二七一～七六)が出た。

**9** 至高権(plenitudo potestatis)とは十三世紀から使われた教会法上の術語で、教皇が地域教会に対して保持する上位権力者としての裁治権をあらわす。教皇はこの権利を根拠に各地の教会の行財政や司法の問題に介入しようとした。

**10** 教皇が正規の聖職禄授与権者に代わり、聖職禄を任命できる権利を留保権(ius reservationis)と呼ぶが、特別留保とは、個々の聖職禄が空位になった際に個別的にその聖職禄の授与権を獲得するケースをいう。

**11** 一般留保とは、一定の条件のもと、それにあてはまるすべての聖職禄に教皇が行使できる留保権のことをいう。例えば、ここでも言及される、教皇庁で亡くなった全聖職者の聖職禄を教皇が留保するような場合である。

**12** 「教皇庁での空位による留保」(reservatio vacans apud sedem apostolicam)はもっとも重要な教皇の一般留保である。その背景には、教皇庁に滞在する聖職者は滞在中、教皇の特別な裁治権のもとにあるという教会法の観念がある。

**13** 聖職禄兼任(pluralism)とは一人の聖職者が複数の聖職禄を兼任することだが、その結果、そうした聖職者は、現実には不在でありながら兼任した聖職禄の収入を得ることができた。アヴィニョン教皇庁期には、枢機卿など教皇庁での有力者が各地の聖職禄を兼任していたが、それは、各地の教会が教皇庁での便宜を期待して聖職禄を提供したからであった。例えば枢機卿ナポレオーネ・オルシーニは約一〇

○の聖職禄を兼任していた。

**14** 共通奉仕税(servitia communis)は、教皇庁で叙階された司教と修道院長のうち年収が少なくとも一〇〇フローリン以上ある者が、就任の初年度の収入から教皇と枢機卿団に支払う税で、その額はヨハネス二十二世治世では年収の約三分の一であった。また同時に、小奉仕税(servitia minuta)として、教皇庁の文書局に対して、共通奉仕税の三・五~五％の税を支払った。

**15** 初年度納付税(annates)は、教皇により聖職禄叙任を受けた聖職者がおこなう贈り物の習慣が発展したもので、インノケンティウス三世(在位一一九八~一二一六)以来、司教、修道院長が教皇から叙任された際、あるいは叙任の確認を受けた際に支払った。十三世紀中頃からは下級聖職者についても徴収されるようになり、ヨハネス二十二世は、教皇庁で任命される全聖職禄について初年度納付税を要求した。

**16** 十字軍の十分の一税(Kreuzzugszehnten)とは、十字軍を財政的に支えるために特別に課すことができた十分の一税であり、第三回十字軍の際から出現する。しかし十三世紀になると諸侯は、西欧内での争いを終結させない限り十字軍に行くことができないという理由で、十字軍の十分の一税を、実際に十字軍に行かなくてもしばしば徴収した。

**17** 文書局が発行する教皇文書はヨハネス二十二世期から通常文書(litterae communes)として分類され、その写しが記録簿に記載された。また同時期から会計院が発行する教皇文書は秘密文書(litterae secretae)として分類され、同じようにその写しが記録簿に記載された。

**18** 教皇庁では初期の時代から、教皇が発行した文書の内容を記録簿に残す慣習があったが、記録簿作成の業務が制度化されたのはインノケンティウス三世の時代からである。アヴィニョン教皇庁期のヨハネス二十二世の時代から、註**17**でふれたように、文書局の文書と会計院の文書が区別されて記録されるとともに、請願に関する記録簿も作成されるようになる。

**19** 「義務と支払いの書」(Libri obligationum et solutionum)は、共通奉仕税と小奉仕税の支払い義務と支払い額が記入されたもので、一二九五年から一四五五年の期間について記録されている。

**20** Johannes Haller, *Papsttum und Kirchenreform. Vier Kapitel zur Geschichte des ausgehenden Mittelalters*, Berlin 1903.

**21** William Abel Pantin, *The English Church in the Fourteenth Century*, Cambridge 1955.

**22** Guillaume Mollat, *Les papes d'Avignon*, Paris 1912.

**23** Guillaume Mollat (ed.), *Vitae paparum avenionensium*, 4 vols., Paris 1914–17.

**24** Geoffrey Barraclough, *Papal Provisions. Aspects of Church History, Constitutional, Legal, and Administrative in the Middle Ages*, Oxford 1935.

**25** Geoffrey Barraclough, *The Medieval Papacy*, London 1968.

**26** Albert Hauck, *Kirchengeschichte Deutschlands*, Bd.V.1–2, Leipzig 1911–29.

**27** Louis Caillet, *La papauté d'Avignon et l'église de France. La politique bénéficiale du pape Jean XXII en France, 1316–1334*, Paris 1975.

**28** 矛盾文書裁判所(audientia litterarum contradictarum)は、教皇インノケンティウス三世期から出現する教皇庁の組織。教皇文書が公にされる前に、そこで当事者やその代理者に対し読み上げられ、その内容に対する異議申し立てができた。異議申し立てが却下されて公布されるか、異議申し立てが受け入れられ文書が破棄されるか、あるいは両当事者の協議により修正されたうえで文書が認可されるかした。

**29** Jörg Erdmann, *„Quod est in actis, non est in mundo". Päpstliche Benefizialpolitik im 'sacrum imperium'* *des 14. Jahrhunderts*, Tübingen 2006.

**30** Andreas Meyer, *Zürich und Rom. Ordentliche Kollatur und päpstliche Provisionen am Frau- und Großmünster. 1316–1523*, Tübingen 1986.

**31** Brigide Schwarz, "Römische Kurie und Pfründenmarkt im Spätmittelalter," *Zeitschrift für historische Forschung*, 20 (1993), pp.129–152.

**32** ピエール・ロジェは、リムーザン地方の裕福な領主家門に生まれ、ベネディクト系修道院の修道士となりパリ大学で学ぶ。アラス司教になったのちにフランス王の文書局長となり、さらにサンス大司教、ルーアン大司教を歴任し、枢機卿となる。一三四二年に教皇に選出されクレメンス六世となった。

甚野尚志 訳

*la Tour and the Apostolic Poverty Controversy*, Oxford 2003.
Paladilhe, Dominique, *Les papes en Avignon*, Paris 2008.
Paravicini Bagliani, Agostino, *Boniface VIII. Un pape hérétique?*, Paris 2003.
Renouard, Yves, *La papauté à Avignon*, Paris 1962.
Vones, Ludwig, *Urban V. (1362–1370). Kirchenreform zwischen Kardinalskollegium, Kurie und Klientel*, Stuttgart 1998.
Weiß, Stefan, *Die Versorgung des päpstlichen Hofes in Avignon mit Lebensmitteln (1316–1378). Studien zur Sozial- und Wirtschaftsgeshcichte eines mittelalterliches Hofes*, Berlin 2002.
Wood, Diana, *Clement VI. The Pontificate and Ideas of an Avignon Pope*, Cambridge 1989.
Wright, John Robert, *The Church and the English Crown, 1305–1354. A Study based on the Register of Archbishop Walter Reynolds. Studies and Texts*, Toronto 1980.

und Karls des Großen," in: Max-Planck-Institut für Geschichte (Hg.), *Untersuchungen zu Kloster und Stift*, Göttingen 1980, 78–111.

アヴィニョン教皇庁の実像

Barrell, Andrew D. M., *The Papacy. Scotland and Northern England 1342–1378*, Cambridge 1995.

Caillet, Louis, *La papauté d'Avignon et l'église de France. La politique bénéficiale du pape Jean XXII en Francce, 1316–1334*, Paris 1975.

Erdmann, Jörg, *„Quod est in actis, non est in mundo". Päpstliche Benefizialpolitik im 'sacrum imperium' des 14. Jahrhunderts*, Tübingen 2006.

Gaudemet, Jean, *La collation par le roi de France des bénéfices vacants en régale des origines à la fin du XIV$^{e}$ siécle*, Paris 1935.

Guillemain, Bernard, *La politique bénéficiale du Pape Benoit XII. 1334–1342*, Paris 1952.

——, *La cour pontificale d'Avignon (1309–1376). Etude d'une société*, Paris 1962.

Hotz, Brigitte, *Päpstliche Stellenvergabe am Konstanzer Domkapitel während der avignonesischen Periode (1316–1378) und die Domherrengemeinschaft beim Übergang zum Schisma (1378)*, Stuttgart 2005.

Linden, Peter, *Der Tod des Benefiziaten in Rom. Eine Studie zu Geschichte und Recht der päpstlichen Reservationen*, Bonn 1938.

Lunt, William E., *Papal Revenues in the Middle Age*, New York 1934.

Martin, Thomas Michael, "Das avignonesischen Papsttum im Spiegel der zeitgenössischen Kritik," *Mitteilungen des Oberrheinischen Geschichtsverreins*, 77 (1992), 445–477.

Menache, Sophia, *Clement V*, Cambridge 1998.

Mollat, Guillaume, *Les papes d'Avignon (1305–1378)*, Paris 1912.

——, *La collation des bénéfices ecclésiastiques sous les papes d'Avignon (1305–1378)*, Paris 1921.

Mollat du Jourdin, Michel et André Vauchez (éds.), *Histoire du christianisme des origines à nos jours*, tome 6: *Un temp d'éprueves (1274–1449)*, Paris 1990.

Nold, Patrick, *Pope John XXII and his Franciscan Cardinal. Bertrand de frankreich. Kommentiertes Kartenwerk mit Ortslexikon*, 3 Bde., Trier 2005.

Marchal, Guy P., "Was war das weltliche Kollegiatstift im Mittelalter? Dom- und Kollegiatstifte. Eine Einführung und eine neue Perspektive," *Revue d'histoire ecclésiastique*, 94 (1999), 761–807, 95 (2000), 7–53.

Matheus, Michael, "Zur Romimitation in der Aurea Moguntia," in: Wilfried Dotzauer, u.a. (Hg.), *Landesgeschichte und Reichsgeschichte. Festschrift für Alois Gerlich zum 70. Geburtstag*, Stuttgart 1995, 35–49.

Maurer, Helmut, *Konstanz als ottonischer Bischofssitz. Zum Selbstverständnis geistlichen Fürstentums im 10. Jahrhundert*, Göttingen 1973.

Meuthen, Erich, "Stift und Stadt als Forschungsproblem der deutschen Geschichte," *Klever Archiv*, 5 (1984), 9–26.

Moraw, Peter, "Zur Sozialgeschichte der Propstei des Frankfurter Bartholomäusstifts im Mittelalter," *Hessisches Jahrbuch für Landesgeschichte*, 27 (1977), 222–235.

——, "Hessische Stiftskirchen im Mittelalter," *Archiv für Diplomatik*, 23 (1977), 425–458.

——, "Über Typologie, Chronologie und Geographie der Stiftskirche im deutschen Mittelalter," in: Max-Planck-Institut für Geschichte (Hg.), *Untersuchungen zu Kloster und Stift*, Göttingen 1980, 9–37.

——, "Stiftpfründen als Elemente des Bildungswesens im spätmittelalterlichen Reich," in: Irene Crusius (Hg.), *Studien zum weltlichen Kollegiatstift in Deutschland*, Göttingen 1995, 270–297.

——, "Stiftskirchen im deutschen Sprachraum. Forschungsstand und Forschungshoffnungen," in: Sönke Lorenz und Oliver Auge (Hg.), *Die Stiftskirche in Südwestdeutschland. Aufgaben und Perspektiven der Forschung*, Leinfelden/Echterdingen 2003, 55–71.

Schulz, Knut, *Ministerialität und Bürgertum in Trier. Untersuchungen zur rechtlichen und sozialen Gliederung der Trierer Bürgerschaft vom ausgehenden 11. bis zum Ende des 14. Jahrhunderts*, Bonn 1968.

Semmler, Josef, "Mönche und Kanoniker im Frankenreich Pippins III.

*Religious Order in Twelfth-Century Europe*, Pennsylvania 2000.
Dalarun, Jacques, *Robert d'Arbrissel. Fondateur de Fontevraud*, Paris 1986.
Dinzelbacher, Peter, *Bernhard von Clairveaux*, Darmstadt 1998.
Duby, George, *L'art cistercien*, Paris 1989.
Eberl, Immo, *Die Zisterzienser*, 2. Aufl., Stuttgart 2007.
Elm, Kasper (Hg.), *Norbert von Xanten. Adliger, Ordensstifter*, Kirchenfürst, Köln 1984.
Fößel, Amalie und Hettinger, Anette, *Klosterfrauen, Beginen, Ketzerinnen*, Idstein 2000.
Goez, Wener, *Kirchenreform und Investiturstreit 910–1122*, 2. Aufl., Stuttgart 2008.
Grundmann, Herbert, *Religiöse Bewegungen im Mittelalter*, Berlin 1935.
Jakobs, Hermann, *Kirchenreform und Hochmittelalter 1046–1215*, 4. Aufl., München 1999.
Die Kunst- und Ausstellungshalle der Bundesrepublik Deutschland, Bonn und dem Ruhrlandmuseum Essen (Hg.), *Krone und Schleier. Kunst aus mittelalterlichen Frauenklöstern*, München 2005.
Leclercq, Dom Jean, *St Bernard et l'esprit cistercien*, Paris 1966.
McGuire, Brian Patrick, *Friendship and Faith. Cistercian Men, Women, and Their Stories, 1100–1250*, Aldershot 2002.
Pacaut, Marcel, *Les moines blancs. Histoire de l'ordre de Cîteaux*, Paris 1993.
Petit, François, *La spiritualité des prémontrés au XII$^e$ et XIII$^e$ siècles*, Paris 1947.

ひとつ屋根の下の教会と俗世

Crusius, Irene, "Basilicae muros urbis ambiunt. Zum Kollegiatstift des frühen und hohen Mittelalters in deutschen Bischofsstädten," in: Irene Crusius (Hg.), *Studien zum weltlichen Kollegiatstift in Deutschland*, Göttingen 1995, 9–34.
Escher, Monika und Hirschmann, Frank G., *Die urbanen Zentren des hohen und späteren Mittelalters. Vergleichende Untersuchungen zu Städten und Städtelandschaften im Westen des Reiches und in Ost-*

――『聖ベネディクトゥスと修道院文化』創文社　1998
杉崎泰一郎『12世紀の修道院と社会』（改訂版）原書房　2005
関口武彦『クリュニー修道制の研究』南窓社　2005
P・ディンツェルバッハー，J・L・ホッグ編（朝倉文市監訳）『修道院文化史事典』八坂書房　2008
灯台の聖母トラピスト大修道院『シトー修道会初期文書集』サンパウロ　1989
豊田浩志編『キリスト教修道制――周縁制と社会性の狭間で』ぎょうせい　2003
中軽米明子「『サン・ベルナール書簡集』の構成から見たサン・ベルナールの《vita contemplativa》と《vita activa》」『中世思想研究』42（2000）67-78頁
野口洋二『グレゴリウス改革の研究』創文社　1978
M・D・ノールズほか（上智大学中世思想研究所編訳）『キリスト教史 4　中世キリスト教の発展』平凡社　1996
マシュー・バンソン（長崎恵子・長崎麻子訳）『ローマ教皇事典』三交社　2000
K・S・フランク（戸田聡訳）『修道院の歴史――砂漠の隠者からテゼ共同体まで』教文館　2002
古田暁訳『聖ベネディクトの戒律』すえもりブックス　2000
松本宣郎編『キリスト教の歴史 1』（宗教の世界史 8）山川出版社　2009
ペーター・ヨハネク（甚野尚志・古川誠之訳）「都市とシトー会女子修道院」『比較都市史研究』26-2（2007）13-23頁
ヨーロッパ中世史研究会編『西洋中世史料集』東京大学出版会　2000
ピエール・リシェ（稲垣良典・秋山知子訳）『聖ベルナール小伝』創文社　1994
L・L・レッカイ（朝倉文市・函館トラピスチヌ訳）『シトー会修道院』平凡社　1989

## 十二世紀の修道会と修道女

Antry, Theodore, J. and Neel, Carol (eds.), *Norbert and Early Norbertine Spirituality*, New York 2007.
Berman, Constance, H., *The Cistercian Evolution. The Invention of a*

# 読者のための参考文献


朝倉文市『修道院——禁欲と観想の中世』講談社現代新書　1995
——『修道院にみるヨーロッパの心』山川出版社　1996
M・H・ヴィケール（朝倉文市監訳）『中世修道院の世界』八坂書房　2004
ジャック・ヴェルジェ（野口洋二訳）『中世末期の学識者』創文社　2004
樺山紘一『パリとアヴィニョン——西洋中世の知と政治』人文書院　1990
上條敏子「ヨーロッパ中世都市の女性と宗教諸施設」『アジア文化研究』（国際基督教大学）別冊12（2003）21-38頁
桑原直己『東西修道霊性の歴史——愛に捉えられた人々』知泉書館　2008
H・W・ゲッツ（津山拓也訳）『中世の聖と俗』八坂書房　2004
小嶋潤『西洋教会史』刀水書房　1986
小山寛之「聖界領邦の形成と聖堂参事会制——マインツ大司教コンラート一世の治世（1183-1200）を中心として」『西洋史論叢』24（2002）1-21頁
今野國雄『西欧中世の社会と教会』岩波書店　1973
——『修道院——祈り・禁欲・労働の源流』岩波新書　1981
齋藤昌史「ペーター・モーラフの大学史論——中世ドイツ大学史研究の一動向」『北大史学』46（2006）113-122頁
R・W・サザーン（上條敏子訳）『西欧中世の社会と教会』八坂書房　2007
フランチェスコ・シオヴァロ，ジェラール・ベジエール（鈴木宣明監修）『ローマ教皇』創元社　1997
標珠実「アヴィニヨン教皇権による聖職禄政策——その発展の諸要因」『西洋史論叢』23（2002）23-36頁
——「教皇権による聖職禄授与権の立法化とその適用——ヨハネス22世の聖職禄政策にみる知と権力」『早稲田大学大学院文学研究科紀要』51（2005）65-74頁
上智大学中世思想研究所編『中世の修道制』創文社　1991
——『中世思想原典集成10　修道院神学』平凡社　1997

Die Kurie und die Reformen im Prämonstratenserorden im hohen und späten Mittelalter, in: Irene Crusius, u.a. (Hg.), *Studien zum Prämonstratenserorden* (Veröffentlichungen des Max-Planck-Instituts für Geschichte, 185, Studien zur Germania Sacra, 25), Göttingen 2003, 349–398.

Auf dem Weg zu Kanonissen und Kanonissenstift. Ordnungskonzepte der weiblichen vita religiosa bis ins 9. Jh., in: Raphaela Averkorn, u.a. (Hg.), *Europa und die Welt in der Geschichte. Festschrift zum 60. Geburtstag von Dieter Berg*, Bochum 2004, 551–573.

Verhandlungen an der Kurie im frühen 14. Jahrhundert. Spielregeln der Kommunikation in konfliktgeladenen Beziehungsnetzen, in: Klaus Herbers, u.a. (Hg.), *"Das kommt mir Spanisch vor". Eigenes und Fremdes in den deutsch-spanischen Beziehungen des späten Mittelalters* (Geschichte und Kultur der Iberischen Welt, 1), Münster/ Berlin 2004, 411–474.

Norbert von Xanten und seine ersten Stifte. Beobachtungen zur rechtlichen Stellung und inneren Struktur, in: Helmut Flachenecker, u.a. (Hg.), *Oberzell. Vom Prämonstratenserstift (bis 1803) zum Mutterhaus der Kongregation der Dienerinnen der hl. Kindheit Jesu* (Quellen und Forschungen zur Geschichte des Bistums und Hochstifts Würzburg, 62), Würzburg 2006, 1–32.

Rabanus Maurus (um 780–856). Diener seiner Zeit — Vermittler zwischen den Zeiten. in: Franz J. Felten (Hg.), *Mainzer (Erz-)Bischöfe in ihrer Zeit* (Mainzer Vorträge, 12), Stuttgart 2008, 11–34.

Die Ordensreformen Benedikts XII. unter institutionengeschichtlichem Aspekt, in: Gert Melville (Hg.), *Institutionen und Geschichte. Theoretische Aspekte und mittelalterliche Befunde* (Norm und Struktur. Studien zum sozialen Wandel in Mittelalter und Früher Neuzeit, 1), Köln/Weimar/Wien 1992, 369–435.

Konzilsakten als Quelle für die Gesellschaftsgeschichte des 9. Jhs., in: Georg Jenal (Hg.), *Herrschaft, Kirche, Kultur. Beiträge zur Geschichte des Mittelalters. Festschrift für Friedrich Prinz zu seinem 65. Geburtstag* (Monographien zur Geschichte des Mittelalters, 37), Stuttgart 1993, 177–202.

Johann der Blinde und das Papsttum, in: *Johann der Blinde. Graf von Luxemburg, König von Böhmen 1296–1346, Tagungsband der 9es Journées lotharingiennes 22. –26. Oktober 1996* (Publications de la Section historique de l'Institut grandducal, 115, Publications du CLUDEM, 14), Luxemburg 1997, 383–417.

Kommunikation zwischen Kaiser und unter Ludwig dem Bayern (1314–1347). Zur Problematik der Quellen im Spannungsfeld von Schriftlichkeit und Mündlichkeit, in: Heinz-Dieter Heimann (Hg.), *Kommunikationspraxis und Korrespondenzwesen im Mittelalter*, Paderborn 1997, 51–89.

Der Zisterzienserorden und die Frauen, in: Harald Schwillus, u.a. (Hg.), *Weltverachtung und Dynamik* (Studien zur Geschichte, Kunst und Kultur der Zisterzienser, 10) Berlin 2000, 34–135.

Wie adelig waren Kanonissenstifte und andere weibliche Konvente im frühen und hohen Mittelalter? in: Irene Crusius (Hg.), *Studien zum Kanonissenstift* (Veröffentlichungen des Max-Planck-Instituts für Geschichte, 167, Studien zur Germania sacra, 24), Göttingen 2001, 39–129.

Kaisertum und Papsttum im 12. Jahrhundert, in: Ernst-Dieter Hehl, u.a. (Hg.), *Das Papsttum in der Welt des 12. Jahrhunderts* (Mittelalter-Forschungen, 6), Stuttgart 2002, 101–125.

Päpstliche Personalpolitik? Über Handlungsspielräume des Papstes in der ersten Hälfte des 14. Jahrhunderts, *Historisches Jahrbuch*, 122 (2002), 43–86.

# フランツ・フェルテン主要著作

*Äbte und Laienäbte im Frankenreich. Studie zum Verhältnis von Staat und Kirche im früheren Mittelalter* (Monographien zur Geschichte des Mittelalters, 20), Stuttgart 1980.

Norbert von Xanten. Vom Wanderprediger zum Kirchenfürsten, in: Kaspar Elm (Hg.), *Norbert von Xanten. Adliger, Ordensstifter, Kirchenfürst,* Köln 1984, 69–157.

Herrschaft des Abtes, in: Friedrich Prinz (Hg.), *Herrschaft und Kirche. Beiträge zur Entstehung und Wirkungsweise episkopaler und monastischer Organisationsformen* (Monographien zur Geschichte des Mittelalters, 33), Stuttgart 1988, 147–296.

Benoît XII., Arnaud de Verdale et la réforme des chanoines en Languedoc, in: *Le monde des chanoines (XI^e–XIV^e siécle)* (Cahiers de Fanjeaux, 24), Toulouse 1989, 309–339.

*Avignon und Paris. Spielräume und Prinzipien politischen Handelns des frühen avignonesischen Papsttums*, Habilitationsschrift FU Berlin 1990.

Auseinandersetzungen um die Finanzierung eines Kreuzzugs im Pontifikat Johannes' XXII. (1316–1334), in: Marcel Pacaut et al. (éds.), *L'Hostie et le denier. Les finances ecclésiastiques du Haut Moyen Age à l'époque moderne. Actes du Colloque de la Commission Internationale d'Histoire Ecclésiastique Comparée, Genève août 1989* (Publications de la Fac. Théologie de l'Université de Genève 14), Genève 1991, 79–100.

Le Pape Benoît XII (1334–1342) et les Frères Prêcheurs, in: *La Papauté d'Avignon et le Languedoc* (Cahiers de Fanjeaux, 26), Toulouse 1991, 307–344.

Frauenklöster und -stifte im Rheinland im 12. Jahrhundert. Ein Beitrag zur Geschichte der Frauen in der religiösen Bewegung des hohen Mittelalters, in: Stefan Weinfurter (Hg.), *Reformidee und Reformpolitik im spätsalisch-frühstaufischen Reich* (Quellen und Abhandlungen zur Mittelrheinischen Kirchengeschichte, 68), Trier 1992, 189–300.

フランツ・フェルテン(Franz J. Felten)

1946年，ヴァイテン(ドイツ，ザールラント州)生まれ

1977年，博士号取得(ザールブリュッケン大学)

1990年，大学教授資格取得(ベルリン自由大学)

1990-91年，エッセン大学代理教授

1991-92年，ベルリン自由大学主任助手

1993年，ドレスデン大学教授

1993-97年，ハレ・ヴィッテンベルク大学教授

1997年，マインツ大学教授(現在に至る)

2003年，マインツ大学付設地域史Geschichtliche Landeskunde研究所所長(現在に至る)

甚野尚志　じんの たかし(編訳者)
1958年生まれ。早稲田大学文学学術院教授。博士(文学)
主要著書:『中世の異端者たち』(山川出版社 1996),『中世ヨーロッパの社会観』(講談社学術文庫 2007.『隠喩のなかの中世』弘文堂 1992 の改訂版),『十二世紀ルネサンスの精神——ソールズベリのジョンの思想構造』(知泉書館 2009)

小山寛之　こやま ひろゆき(訳者)
1975年生まれ。早稲田大学大学院文学研究科博士課程
主要論文:「12世紀における証書の作成と政治戦略——マインツの聖ペーター聖堂参事会を事例として」(『早稲田大学大学院文学研究科紀要』第54-4号 2009),「マインツ大司教ハインリヒの廃位——一二世紀教会政治史の転換点」(『史観』第161号 2009),「聖界領邦の形成と聖堂参事会制——マインツ大司教コンラート一世の治世(1183-1200)を中心として」(『西洋史論叢』第24号 2002)

YAMAKAWA LECTURES
6
中世《ちゅうせい》ヨーロッパの教会《きょうかい》と俗世《ぞくせ》
2010年5月20日　第1版1刷　印刷
2010年5月31日　第1版1刷　発行
著者　フランツ・フェルテン
編者　甚野尚志《じんのたかし》
発行者　野澤伸平
発行所　株式会社山川出版社
〒101-0047 東京都千代田区内神田1-13-13
電話03(3293)8131(営業)8134(編集)
http://www.yamakawa.co.jp
振替00120-9-43993
印刷所　明和印刷株式会社
製本所　株式会社手塚製本所
装幀　菊地信義
 ISBN978-4-634-47506-9